지금 이 순간
튀니지
일곱 빛깔 지중해의 조용한 천국

권기정 지음

상상출판

작가의 말

다양한 인연이 만든 정겨운 인연

여행을 떠나는 이유는 그리운 사람을 더욱 그리워하고, 사랑하는 사람을 더욱 사랑하기 위해서라고 한다. 여행의 후유증인지 모르지만, 그곳이 더 그리워지고 그곳의 사람들이 더욱 보고 싶다. 이렇게 여행이 아쉬운 것은 내 안에 있던 감성을 추스르기 위한 이유가 더 많다고 생각이 든다. 튀니지를 다녀와 느꼈던 것들을 한 권의 책으로 다시 펴냈다. 2010년에 출간되었던 EBS 세계테마기행 시리즈 중 하나인 『일곱 빛깔 지중해의 조용한 천국 튀니지』의 사진과 글을 다시 손질해 수줍게 내놓는다.

미디어의 노출로 심리적인 거리는 그만큼 가까워졌지만, 아직도 멀게만 느껴지는 나라 튀니지. 몇 년 사이 튀니지에는 많은 일이 있었다. 2010년 12월에 튀니지의 지방도시인 시디 부 지드에서 노점상을 하던 한 청년의 분신자살로 촉발된 민주화 시위인 재스민 혁명과 인근 나라들이 극심한 정치적 혼란기를 겪으면서 이 나라는 아랍의 봄을 맞이하는 듯했다. 그러나 혼란스러운 시간이 계속되며 북아프리카의 상황은 급변하였다. 그중에서도 혼란을 극복하고 정치적으로 안정된 유일한 나라라고 할 수 있는 튀니지. 2014년 가을에 다시 방문한 튀니지 사람들은 자신들이 이룬 민주화 성과에 대해 매우 자랑스러워했다. 그러나 모든 일에 공짜는 없었는지 만연한 인플레이션과 실업률은 이들의 얼굴에 근심을 드리웠다. 그럼에도 불구하고 낙천적인 이들은 웃음으로 인샬라, 알라신의 뜻이라 하며 모든 것을 감싸 안는다.

이번 여행에서 페이스북을 통해 온라인 네트워크의 확장성은 많은 위력을 발휘했다. 페이스북에서 만난 튀니지 친구들을 통해 이들의 삶과 생각을 이해하는 데 많은 도움을 받았는데 대부분 한국 문화를 좋아하는 젊은 층들이었다. 실제로 튀니지에서 만난 한류 열풍은 아직은 소수이긴 하지만 기대 이상의 충격이었다. 튀니지의 산속 마을 아인 드람에서 들었던 한국 가요와 한국 사람이라 하니 길에서 한국어로 반갑게 인사하던 튀니지 여성을 통해 북아프리카에 퍼진 K-pop의 영향력이 대단하다는 것을 느꼈다. 그리고 유튜브 등으로 한국 가요를 접하고 자생적으로 생긴 K-pop 팬들은 한국 가수를 좋아한다는 단순한 이유로 한국 회사의 휴대전화와 한국 물건을 구입한다. 이들의 열성적인 모습을 보면서 이들이 가진 한국에 대한 동경을 느낄 수 있었다. 한국에서 온 나에게 크고 작은 도움을 준 K-pop 소녀팬들, 선물로 가져간 한국 가수의 CD를 받으며 수줍게 한국어로 감사의 인사를 건네던 이들이 아직도 기억에 생생하다.

북아프리카 지역은 프랑스의 식민 지배를 받았다. 그중에서도 튀니지는 다른 마그레브 국가보다 더 개방적이고 관용적인 문화를 가지고 있는데 고대 페니키아와 카르타고, 로마 제국, 이집트 파티마 왕조가 처음 시작된 곳으로 북아프리카 이슬람 문화의 중심이었던 역사를 가지고 있기 때문이다. 페니키아 문명, 한니발의 발자취, 로마 제국의 유적, 카이로우안의 모스크 등으로 이어지는 튀니지의 역사 유적은 북아프리카 문화에 대해 다시 한 번 새롭게 이해할 수 있는 계기가 되었다.

튀니지가 일면 개방적이라고 하지만 중국인 거주지인 차이나타운이 이곳엔 존재하지 않는다면 믿을 수 있겠는가? 어떻게 보면 튀니지는 스스로 고립된 나라이다. 독립 후 진행된 개방화 정책 아래에서도 이들의 이슬람적 가치관은 흔들림이 없었다. 겉으로는 개방된 나라처럼 보이지만 뼛속 깊숙하게 이슬람의 종교적 전통이 이들의 삶을 지배하고 있다. 그러면서 서구 문물에 비교적 개방적인 분위기와 보수적인 종교적 전통의 괴리감이 점점 커지면서 이들의 정체성은 혼란스러운 상태이다. 어쩌면 나의 튀니지 여행 시기가 이 나라의 총선과 대선의 열기로 가득했던 과도기적 시기와 겹쳤기에 더욱 그렇게 느꼈던 것도 같다.

다시 찾은 튀니지에서는 일부러 느릿느릿한 여행을 했다. 이들의 삶 속으로 들어가고자 많이 노력했는데 처음에는 쉽지 않았다. 그 이유 중 하나는 내가 이들을 바라보는 자세 때문이었다. 관찰자의 시각을 가진 관광객의 입장에서 이들을 지켜보는 것은 튀니지인들과의 이질감을 만들어냈다. 그리고 이들이 가진 이슬람적 가치관 또한 나를 혼란스럽게 만들었다. 그런 어려움을 겪었던 나에게 도움을 준 것이 바로 튀니지 가정에서의 홈스테이였다. 가족의 일원이 되어 튀니지 중산층 가정의 삶과 생각을 엿볼 수 있었던 소중한 시간이었다. 짧은 만남이었지만 그 시간만큼은 가족이라는 울타리 안에서 마음 편하게 지낼 수 있었다. 한국으로 돌아가기 위해 튀니지를 떠날 때 튀니지인 아버지와 어머니가 나를 네 번째 아들이라고 불러주며 끈끈한 가족의 유대감을 느끼게 해줬던 경험은 한국에서는 많이 사라진 대가족의 따뜻한 정을 느낄 수 있는 좋은 기회였다.

여행을 하면서 만난 튀니지 친구들이 있다. 여행하면서 많은 도움을 받아 감사한 마음을 전한다. 먼저 튀니지인 특유의 따뜻한 환대로 편하게 맞아준 수스의 Selouma Bouker 씨 가족(Zouhaier, Faïza, Mahmoud, Miriam), 튀니스의 K-pop 마니아 Manel Tebourbi 씨, 한국 유학생 이준, 장영재 군, 모나스티르의 Hiba Horrigue 씨에게 지면을 빌어 다시 한 번 감사의 말씀을 전한다. 그리고 응원해준 가족에게도 고마움을 전한다.

마지막으로 대사관으로 초대해 튀니지 정세와 문화에 대해 여러 말씀을 해주시고 추천사를 써주신 주튀니지 주재 대한민국 대사이신 주복룡 대사님, 또한 추천사를 써주신 서울대학교 미술대학 김병종 교수님께도 감사의 말씀을 드린다.

2015년 3월
권 기 정

추천사

아프리카 북부 지중해안에 면하고 있는 튀니지는 인구 천만 명이 겨우 넘는 작고 조용한 아랍 이슬람 국가로서 우리에게는 잘 알려지지 않은 나라이다.

그러한 나라에 2012년 3월 주튀니지 대사로 부임해서 처음 접한 책이 『일곱 빛깔 지중해의 조용한 천국 튀니지』였다.

저자인 권기정 군에 대하여는 전혀 알지 못했지만, 책 속의 진솔하고 재미있는 내용을 대하면서 관심이 생겼고 마침 페이스북이라는 매체에 관심이 많았던 때라 곧바로 의견을 교환하는 페이스북 친구 사이가 되었다.

저자는 여행을 좋아하고 사진에 많은 관심을 가진 청년으로 중동 지역과 아프리카 국가들에 대한 관심이 많았다. 한 나라에 주재하는 대사이기에 공식적인 업무 외에도 그 나라를 실제로 볼 기회가 많아 튀니지 각 지역을 방문할 때에는 이 책을 많이 참고하였는데 그때마다 이 책의 내용은 튀니지에 대하여 과장이나 왜곡이 없이 진솔하게 쓰인 것임을 알게 되었다.

하지만 기존 책에서 한 가지 아쉬웠던 점은 튀니지의 '재스민 혁명'이 일어나기 전에 쓰인 것이어서 튀니지의 현재 사회상 등을 서술한 대목 중 일부 현실에 맞지 않는 것들이 있었던 점이었다.

그러한 요소들을 이번 개정판에서 많이 보완하고 새롭게 업데이트했다고 하니 매우 기쁘게 생각한다.

생애에 걸쳐 많은 국가에서 근무해 본 사람으로서 한 나라에 대한 여행기를 발간하는 것은 생각보다 쉽지 않음을 잘 알고 있다. 게다가 아름다운 사진까지 저자가 직접 찍어가며 정성껏 책의 내용을 채우는 데에 얼마나 세심한 배려가 필요한지는 언급할 필요도 없다고 생각한다.

우리에게 아직은 생소하게 느껴지는 나라가 튀니지인 만큼 이 책이 모쪼록 많은 독자들로부터 사랑받는 책이 되어 한국과 튀니지 양국 국민들 간의 상호이해 증진에 도움이 되길 바란다.

주튀니지 대한민국 대사
주 복 룡(朱福龍)

튀니지, 다시 그곳을 생각하니 알싸한 그리움이 몰려온다. 튀니지는 북아프리카의 진주다. 때 묻지 않은 순결한 땅이고 신비한 나라다. 강렬한 태양과 그 태양 빛을 받아 보석 가루처럼 빛나는 바다, 햇빛에 잘 익은 오렌지와 올리브, 그리고 그 아름다운 풍광 속에 보이는 히잡 쓴 여인들. 풍경의 하나하나가 엽서 사진의 한 컷처럼 인상적인 나라다. 또한, 유서 깊은 역사의 흔적을 많이 거느리고 있고, 예술가의 자취도 물씬한 곳이다. 이슬람 국가이기 때문에 서방세계와의 교류가 활발하지 않다는 점도 튀니지만의 순수성을 유지하게 한 하나의 요인이 아닐까 싶다.

튀니지의 유적지들, 예컨대 바르도 박물관이나 엘젬, 수스, 「스타워즈」 촬영지로 성가를 높인 마트마타, 「잉글리시 페이션트」의 촬영지로 유명한 미데스 협곡 같은 곳에서 유럽을 비롯한 외국인 관광객이 상당수 눈에 보였지만, 지니고 있는 자연과 역사의 보고에 비해 외국인 관광객 수는 결코 많다고 할 수 없었다. 튀니지 여행길에서 내가 가장 가슴 두근대며 만났던 곳은 카페 데 나트였다. 화가 파울 클레가 자주 와서 색채의 영감을 받은 곳이라는 미술사적 장소였기 때문. 파울 클레 외에도 앙드레 지드나 알베르 카뮈 같은 문인들도 자주 왔던 유서 깊은 문인 카페였다.

이 책을 읽으면서 영상처럼 카페 데 나트를 비롯한 튀니지의 정경이 눈앞에 다시 펼쳐지는 것을 느낀다. 처음 북아프리카 여행을 계획할 때 나는 아프리카 여행의 전문가, 그 위에 사진까지 겸한 이를 찾고 있었는데 그때 만난 그 전문가가 바로 권기정이었다. 그는 이미 케냐에서 오랜 시간을 보내면서 주로 사진 작업을 통해 아프리카를 선보여왔는데 일별해보니 그 사진들이 보통 수준이 아니었다. 북아프리카는 그 역시 초행이었지만 동행하고 보니 그 순발력과 감각이 참으로 뛰어났다.

그의 글을 통해 그리고 그의 렌즈를 통해 독자들은 직접 찾아가기에는 결코 녹록지 않은 튀니지를 총천연색으로 감상할 수 있을 것이다. 이 책의 프리즘을 통해 일곱 빛깔로 빛나는 그곳의 역사와 문화를 생생하게 만날 수 있을 것이다. 이것이 바로 쏟아져 나오는 여행 책자들 속에서 유독 이 책을 추천하고 싶은 이유다.

화가, 서울대 교수
김 병 종

목차

Tunisia

작가의 말 • 12
추천사 • 16

Part 1 튀니지안 블루를 찾아서

튀니지? 아프리카야 유럽이야? • 22
보물이 가득한 재래시장 수크 • 32
평화의 갈망 지투나 모스크 • 41
한니발의 숨결 카르타고의 비르사 언덕 • 48
모자이크의 천국 바르도 박물관 • 57
튀니지안 블루의 절정 시디 부 사이드 • 64
카프봉 반도의 오렌지와 매사냥 • 76
INSIDE Tunisia 술과 돼지고기 • 84

Part 2 신들의 선물 올리브나무

튀니지 하면 올리브, 올리브 하면 튀니지! • 88
슬픈 역사의 항구도시 비제르트 • 94
북아프리카의 알프스 아인 드람 • 102
석양이 아름다운 유적지 두가 • 112
이슬람의 성지 카이로우안 • 120
엘젬 원형경기장 • 132
도자기의 도시 나불과 함맘의 도시 하마메트 • 140
사헬의 진주 수스 • 148
대통령의 도시 모나스티르와 항구도시 마디아 • 156
INSIDE Tunisia 루이 9세 • 164

Part 3 스타워즈의 외계마을

제다이가 숨 쉬는 곳 마트마타 · 168
스타워즈의 흔적을 찾아서 호텔 시디 드리스 · 177
치열한 삶의 공간 크사르 올레드 솔탄 · 182
언덕 위의 요새 마을 셰니니, 두이렛, 괴르메사 · 188
오디세이의 섬 제르바 · 196
INSIDE Tunisia 이동통신사 · 204

Part 4 사하라 사하라

사하라의 관문 두즈 · 208
대추야자 나무로 가득한 토주르 · 217
산악 오아시스 관광 타메르자, 셰비카, 미데스 · 223
영화 속 촬영지 옹크 제말, 모스 에스파, 네프타 · 232
붉은 도마뱀 기차 레자르 루즈 · 239
소금호수 쇼트 엘 제리드 · 244
INSIDE Tunisia 루아지 · 250
INSIDE Tunisia 정육점 · 252

Part 5 튀니지 좀 더 알기

튀니지는 어떤 곳일까? ▶ 튀니지 역사의 한 축, 재스민 혁명 ▶ 여행정보 ▶ 공휴일 ▶ 교통 ▶ 음식 ▶ 호텔 예약 ▶ 배낭여행 시 유의해야 할 점 ▶ 세계문화유산 ▶ 아랍어 교육기관-부르기바 어학원 ▶ 주요 웹사이트 ▶ 튀니지 전도

Part
1

튀니지안 블루를 찾아서

튀니스와 그 주변 지역

튀니지?
아프리카야 유럽이야?

많은 사람이 튀니지를 가리켜 '머리는 유럽에, 가슴은 아랍에, 그리고 다리는 아프리카에 있는 나라'라고 말한다. 여행자에게 '지중해'는 언제나 꿈에 그리는 지역이다. 더구나 여행 프로그램에서 지중해 연안의 나라들은 푸른 하늘과 파란 바다, 그리고 사람이 하나되는 아름다운 곳으로 묘사되고 있어 꼭 한번 가보고 싶은 소망을 갖게 한다.

튀니지로 여행을 간다는 말을 하면 대부분의 사람은 단번에 "거기 안전해?"라는 질문을 가장 먼저 한다. 아프리카 지역은 위험하다는 편견이 빚어낸 질문일 것이다. 사실 재스민 혁명 이후 튀니지 관광객이 다소 감소한 것은 사실이다. 그러나 이곳은 다른 북아프리카 지역보다 정치적으로 안정되어 있으며 이슬람 지역이지만 일찍부터 개방정책을 시행한 덕분에 '북아프리카의 파리'라고 불릴 정도로 특별한 곳이다. 유명 관광지로는 시디 부 사이드와 고대 카르타고, 로마의 유적지, 카이로우안 이슬람 사원, 엘젬 원형경기장 등이 있다. 이렇듯 튀니지는 한마디로 정의할 수 없는 나라다. 프랑스의 식민 지배를 73년간이나 받은 나라이자 문화의 다양한 스펙트럼이 존재하는 나라인 튀니지를 한마디로 설명하기에는 모든 표현이 턱없이 부족하기만 할 뿐이다.

▲ 까르푸, 모노프리 등 대형마트에는 장을 보러온 남자들이 많다.

▼ 퇴근 시간이면 메트로 역에는 퇴근하는 사람들로 북적인다.

튀니지는 북부 아프리카에 있으며 크기는 한반도의 2/3 정도이다. 인구는 약 1,090만 명, GDP 9,000달러 정도로 내수를 기대하기에는 인구가 부족한 편이다. 북부 지역의 비옥한 평야를 바탕으로 한 농업과 지중해 해안, 뜨겁고 눈부신 한여름의 해, 페니키아, 카르타고와 고대 로마 유적지 그리고 국토의 60%를 차지하는 사하라 사막 덕분에 자연스럽게 관광과 휴양지가 발달했다. 튀니지는 지중해를 중심으로 몰타Malta와 시칠리아Sicily가 바로 위에 있고 옆으로는 리비아와 알제리가 붙어 있는 작은 나라이다. 그럼에도 뉴욕 타임즈는 2008년도에 튀니지를 가볼 만한 곳 3위에 올렸을 정도로, 이곳은 관광지로서도 아주 매력적인 곳이다.

검은 대륙으로 불리는 아프리카 땅에 있지만 사하라 사막 이북은 우리가 흔히 생각하는 아프리카의 이미지와는 다르다. 아랍인과 토착민인 베르베르족의 혼혈이 대부분이라 흑인들이 적으며, 99%의 인구가 이슬람교이다. 그러나 이들은 프랑스의 영향 또한 많이 받았다. 그래서 과격한 이슬람 원리주의자들이 판을 치는 일부 보수적 이슬람 국가와는 달리 온건한 수니파가 대부분이고 종교적인 규율이 상대적으로 느슨하다. 튀니지는 과거 프랑스 지배의 영향으로 아랍어와 프랑스어를 공용어로 사용하는데, 최근에는 영어를 배우는 젊은 사람들이 많아졌다. 이로 인해 대도시에서는 영어로 의사소통이 가능한 곳이 많아졌지만, 지방에 가면 아직도 프랑스어와 아랍어로만 대화한다. 아랍어 역시 베르베르어와 프랑스어가 혼재된 튀니지식 아랍어를 사용한다. 전반적으로 프랑스식 문화와 아랍식 문화가 섞여 특이한 문화적 다양성을 띠는 곳이 바로 튀니지인 것이다.

도심에서는 하루에 다섯 번씩 '알라는 위대하다'고 외치는 '아잔Azan' 소리가 모스크 주변에서 들린다. 이처럼 튀니지 사람들의 생활 속 많은 부분이 이슬람의 영향을 받고 있다. 반면에 이들의 겉모습을 보면 과연 이슬람이 나라의 국교가 맞는지 의심스러울 정도다. 다들 돈을 벌기 위해 유럽으로 가길 원하고 때로는 밀항도 서슴지 않는 나라. 이런 유럽 지향적인 면은 부정적으로 보이기도 하지만 어려서부터 코란 교육을 받고 자란 이들은 뼛속까지 무슬림이 맞다. 그래서 어떤 사람들은 이런 정체성 없는 튀니지를 보고 '유럽 국가의 아류' 같다고 비난하기도 한다. 이런 다양성의 배경에는 튀니지의 국부(國父)이자 초대 대통령인 하비브 부르기바의 역할이 컸다. 그는 73년간의 프랑스 식민통치가 끝난 1956년부터 일부다처제와 히잡 의무화를 폐지하고 전통 이슬람의 휴일인 금요일 대신 서구의 휴일인 일요일을 공휴일로 정했다. 이러한 정책 탓에 전통 이슬람의 휴일인 금요일에는 오전에만 근무하는 곳이 많고 토요일과 일요일엔 쉬어 주 5일 근무가 아닌 주 4.5일을 근무하는 사람들이 많다.

튀니지는 어울릴 것 같지 않은 것들이 함께 어우러져 문명의 '이종교배'를 만든 묘한 매력이 있는 나라다. 수도인 튀니스는 '북아프리카의 파리'라 불릴 만큼 프랑스의 영향을 많이 받아 매우 서구적이다. 도심 중심가를 걷다 보면 식민지 시대로 회귀한 듯한 착각이 들 정도다. '튀니스의 샹젤리제' 하비브 부르기바 거리에는 긴 머리를 흔들며 청바지와 몸에 붙는 옷을 입은 여성들을 자주 볼 수 있다. S라인을 드러내며 한껏 멋을 낸 아름다운 여성들이 길 가는 사람들의 시선을 사로잡는다. 여기에 청바지에 히잡을 쓴 여성, 그리고 이슬람 전통 의상으로 몸 전체를 가린 여성도 볼 수 있다. 아랍족과 베르베르족 혼혈이 대다수로, 뛰어난 미모를 지니고 있는 여성들이 많이 보인다. 그녀들의 모습을 보고 있자니 미모를 뽐내고 싶은 것은 모든 여성의 공통된 특성인 것 같다는 생각이 든다. 이렇듯 튀니지에서는 종교의 힘이 느슨하게 다가온다. 그리고 이런 느슨함 속에서 튀니지의 문화적 다양성이 발현된다.

인종 구성을 보면 튀니지의 오랜 토착민은 베르베르족이고 예전 카르타고의 주민은 대부분 페니키아인이었다. 그러나 이들은 로마의 지배 아래에서 로마인에게 동화되었고, 프랑스의 지배하에서는 프랑스인에게 동화되었다. 엄밀한 의미로 말한다면 튀니지인들은 아랍인이 아닌 것이다. 아랍어와 프랑스어를 사용하고는 있지만 스스로는 유럽인이 인정하지 않는 유럽인이라고 생각한다. 그러나 이런 묘한 정체성 덕분에 튀니지는 어디서도 볼 수 없었던 그들만의 매력이 있는 나라가 되었다.

▲ 하비브 부르기바 거리의 정중앙에 위치한 튀니지 국립극장

◀
멩겔라 시계탑 주위에서
바람에 흩날리는 튀니지 국기

튀니지안 블루를 찾아서

튀니지의 3S

튀니지가 가진 자연의 축복이라는 3S는 Sand(사하라 사막), Sun(이글거리는 태양), 그리고 Sea(지중해 해변)이다. 유럽인들 중에서도 특히 식민지 시절 지배국이었던 프랑스의 사람들이 튀니지의 눈부신 한여름의 태양과 지중해의 푸른 바다를 매우 좋아한다. 날씨 좋은 여름철 지중해 기후를 즐기기 위해 이때에만 백만여 명의 관광객들이 바다에서, 하늘에서 들어온다.

재스민 혁명 이후로 관광객이 많이 줄었다고는 하지만 아직도 상당수의 관광객은 튀니지를 방문한다. 튀니스는 지중해 크루즈의 중요 기항지이기도 하기 때문. 튀니스에는 고대 카르타고의 흔적들과 로마 시대의 유적들, 그리고 아랍풍의 건물과 지중해 산토리니를 연상시키는 시디 부 사이드 등의 관광지가 있어 꾸준하게 많은 사람이 사랑하는 관광지이다.

튀니지는 법으로 일부일처제를 못 박았다. 우스갯소리로 부인을 많이 두고 싶으니 이슬람으로 개종하겠다는 철없는 남성들의 희망이 부질없는 곳이다. 이슬람권에서 행해지는 일부다처제가 금지된 것이다. 그리고 프랑스식 남녀평등뿐만 아니라 여성에게도 참정권을 제공해주는 등 여성의 인권과 사회생활에 제약이 덜해 여성들에게는 맘 편히 숨 쉴 수 있는 여지가 많은 나라다. 튀니지는 북아프리카의 마그레브 나라(모리타니아, 모로코, 알제리, 튀니지, 리비아) 중에서 제일 작은 나라지만 가장 개방적인 나라이기도 하다. 그렇기에 대다수의 튀니지인은 자신들이 유럽의 일부라고 생각한다. 그러나 연간 6%의 인플레이션과 높은 실업률은 이들의 생활이 그리 녹록지 않음을 알려준다.

튀니지는 아랍권에 속하는 나라지만 여성들이 얼굴을 온통 감싸는 검은 부르카의 모습을 거의 볼 수 없고 대개 히잡Hijab으로 머리만 가린다. 그래서 온몸을 검은 천으로 싼 아랍 여성의 전통 옷차림을 보기가 힘들다. 외국인 관광객 구역인 야스민 하마메트 해변에서는 유럽 여성의 토플리스 차림도 종종 볼 수 있는데 보수 성향을 띤 많은 사람들이 이들을 그리 탐탁지 않게 여긴다. 그래서 튀니지 정부는 별도의 관광 구역을 만들어 이들을 분리하여 통행시키고 있다.

재스민 혁명 이후 민주화가 정착되어 비교적 안정된 편이지만 튀니지는 군인보다 경찰들의 숫자가 많을 정도로 보이지 않는 곳에서 권력의 힘이 가동되고 있다. 국민 10명 중 2~3명은 경찰관 친척이 있다는 농담이 있을 정도다. 공공연하게 거리에서 불심검문을 하고, 관공서 건물이나 길거리의 경찰을 촬영하는 것도 금지하는데, 이런 공권력은 겉으로는 평온해 보이는 이 도시를 알게 모르게 옥죄고 있다.

아프리카의 자연벨트, 사하라 사막

많은 학자들은 이슬람권의 북부와 중부 아프리카의 경계를 '사하라 사막'이란 자연벨트로 구분 짓는다. 지도를 보면 아프리카 대륙은 한쪽으로 엉덩이가 나온 아줌마의 옆모습 같은 모양을 하고 있다. 좀 직설적인 표현이긴 하지만 아프리카는 인류의 어머니 같은 곳이기에 그럴 수도 있다는 생각이 든다. 앞서 말한 것처럼 허리띠를 꽉 졸라맨 허리 부위에 있는 사하라는 지중해와 면해 있는 북아프리카와 케냐, 수단, 에티오피아 등을 구분 짓는 자연의 경계이다. '아프리카'라는 단어의 유래인 '아프리키야Afriqiyah'는 고대 튀니지 지역을 지칭했던 말이다. 즉, 튀니지는 아프리카의 원류인 셈이다.

일찍이 아랍 대상들도 사하라 사막은 마음대로 건너지 못했을 정도로 이곳은 험한 자연환경을 자랑한다. 어느 책에선가 사하라의 뜨겁고 강렬한 태양 아래서 '빼빼 말라 죽고 싶다'는 표현을 읽은 적이 있다. 50도가 넘어가는 강한 햇볕과 기온은 사람을 죽음의 길목에 몰아넣을 정도로 강렬하다. 이런 자연환경은 자연스럽게 이슬람의 영향이 강한 북아프리카 지역을 중부 아프리카와 동부 아프리카로 갈라놓았고 북아프리카는 과거 베르베르족과 로마인, 아랍인들로 이루어진 민족이, 그리고 사하라 이남은 반투족과 나일로틱으로 대표되는 흑인들이 주류로 자리 잡게 되었다.

튀니지인들은 약간 까무잡잡한 피부를 가진 베르베르족의 혈통과 아랍인의 혈통을 가지고 있다. 이들은 역사시대 이래부터 수많은 민족과 활발한 교류 활동을 해왔으므로 이방인에 대한 거부감이 별로 없다. 그리고 지리적으로는 아프리카지만 이슬람과 열강 식민지의 영향으로 문화의 이종교배를 통해 다양한 문화를 만들어냈다.

그만큼 튀니지는 '문화적 용광로' 같은 곳이지만 그들만의 독특한 문화 또한 지키며 살아가는 매력적인 사람들의 나라이다. 여행자들 눈에 새로운 여행지는 '경이로움' 그 자체다. 특히 '여행'이라는 단어와 '새로운 곳'이라는 단어에 동일한 가치를 두는 여행자들에게 튀니지는 '새로운 여행'을 시작할 수 있는 아주 특별한 곳이다.

☾* Travel tip

공항에서 시내 들어오기

그 나라의 첫인상을 좌우하는 공항. 튀니지 공항에서는 바가지가 극성이다. 현지 정보에 어두운 관광객들이 들어오는 1층 입국장 앞에 많은 택시 호객꾼들이 있다. 호객꾼에게 이끌린 여행자들에게 택시 기사들은 시내까지 30디나르 이상을 부른다. 여기에 트렁크 하나당 얼마씩을 더 달라고 하며 호객꾼은 자신의 수고비까지 달라고 천연덕스럽게 요구하기도 한다. 공항과 시내가 멀지 않아 시내까지 아무리 많이 나와도 10디나르 이하이면 충분한데 그렇게 바가지를 씌운다. 이럴 때는 호객꾼을 따라가지 말고 2층 출국장으로 올라가 택시를 타면 바가지를 쓰지 않고 갈 수 있다. 미터기 체크는 필수. 내릴 때 트렁크 비용으로 1~2디나르 정도 팁을 주면 된다.

보물이 가득한 재래시장
수크

아랍어로 시장을 수크^{Souk}라고 한다. 우리에겐 두바이의 금시장^{Dubai Gold Souk}이 잘 알려진 수크인데, 이곳은 뛰어난 금세공 기술을 자랑함과 동시에 면세 지역이기도 해 시중가보다 저렴한 금값 때문에 많은 관광객들이 찾는 명소이기도 하다. 이에 비해 튀니스의 수크는 1000년이 넘은 오랜 역사를 가진 재래시장이다. '올리브나무의 모스크'란 뜻의 지투나 모스크^{Mosquée Zitouna}를 중심으로 의류, 향신료, 신발 등 전문 상가로 구역이 나뉘어 있다. 튀니스 재래시장에 가려면 메디나^{Medina}를 찾아가야 하는데 메디나는 '이슬람의 예언자 마호메트의 도시'라는 의미로 사람들이 모여 사는 '성읍', '도시'를 뜻했다. 그러나 이제는 해미읍성이나 낙안읍성처럼 성곽을 중심으로 만들어진 도시의 오래된 구시가지를 의미한다.

수크는 튀니스에 올 때마다 꼭 방문하는 곳인데 튀니스의 중심 번화가 하비브 부르기바 거리^{Avenue Habib Bourguiba}의 끝에서 만나게 되는 프랑스 거리^{Avenue de France} 끄트머리에 위치하고 있다. 이슬람의 석학인 이븐 할둔^{Ibn Khalun} 동상이 보이고 그 맞은편에는 생 뱅상 드 폴 성당^{Cathedral of St Vincent de Paul}이 있다. 그곳을 따라 가다 보면 프랑스 문^{Porte de France}이 나온다. 원래 밥 엘 바흐르^{Bab el Bahr}라 불렸는데

^ 진귀한 골동품으로 가득찬 수크의 한 가게

^ 이슬람의 석학인 이븐 할둔의 동상과 생 뱅상 드 폴 성당

▲ 동판공예 장인과 그가 만든 화려한 동판 작품들

▲ 바다의 문이라는 뜻을 가진 프랑스 문(좌)과 그 앞에 있는 분수에서 즐거운 시간을 보내고 있는 이들(우)

이는 '바다의 문'이라는 뜻으로 이곳을 따라가면 바다가 나온다는 데서 이름이 지어졌다. 그러나 이곳은 프랑스 식민 지배 당시 성벽이 파괴되어 현재 돌문만 남아 있다.

프랑스 문을 지나면 광장Place de la Victoire의 작은 분수가 보인다. 언제나 사람들이 북적이는 이곳은 수크의 시작이다. 낮 시간에 가면 일부 문을 닫는 상점이 있다. 그러니 오전이나 점심이 지난 오후에 가면 좋다. 시장 초입에는 카펫과 젤라바, 카샤비아 같은 전통 의상과 여성복을 파는 상점들이 있고 우리네 동네 시장같이 작은 골목길을 따라 상점들이 늘어서 있다. 주말에는 지나다니는 사람들과 계속해서 어깨가 부딪힐 만큼 북적거린다. 좁은 시장 길을 들어서면 관광객을 상대하는 기념품 가게가 모여 있는데 동판공예 장인이 망치로 동판을 만드는 모습을 볼 수 있다. 망치로 작은 '정'을 두들겨 그림을 새기는 솜씨가 여간 놀라운 게 아니다. 시장의 장인들은 우리네 사람들 같이 손재주가 좋다. 그림을 한참 새기던 장인이 고개를 들고 낙타와 야자나무, 오아시스를 표현한 작은 동판에 이름을 새기라 권한다.

"친구, 여기에 이름을 새겨줍니다."
"당신 나라 '쉬누아' 글씨도 가능합니다."

장인은 나를 중국인으로 착각했나 보다. 머리를 짧게 자르면 일본인, 긴 머리로 다니면 중국인이라고 부르니 이번 여행에선 머리가 길었던 모양이다. 장인은 종이에 원하는 글씨를 써주면 만들어주겠다고 하는데 전시해 놓은 샘플에는 한문으로 일본인 이름이 새겨져 있다. 이 정도면 눈썰미 좋은 장인이 한글로 이름 새기는 것은 누워서 떡 먹기보다도 더 쉬울 것이다.

"20디나르, 20디나르."

20디나르는 약 14,000원. 여기서 갈등이 생기기 시작한다. 옆집 가게 주인도 외국인 손님, 그것도 동양인이 온 것이 신기한지 한마디 거든다. 결국엔 웃으며 나중에 사겠다고 하고 다시 길을 재촉한다.

다시 골목길로 들어가니 튀니지의 이국적인 물건들이 눈앞에 펼쳐진다. 길은 미로와 같이 복잡하게 얽혀 있지만 시장의 주요한 길은 십자로 얽혀 있어 의외로 단순하다. 한쪽이 막힌 것 같아 다른 한쪽으로 돌아 나오니 아까의 그곳이다. 한쪽 길로는 혼수용 그릇 및 소품도 보이고, 아기자기한 보석함과 야자나무로 만든 체스판, 가죽신발, 울긋불긋한 채색 도자기도 보인다. 좀 촌스럽긴 하지만 유리판 위에 그린 오래된 당나귀와 닭도 보인다. 튀니지 전통 목각인형도 가게의 한쪽 구석에 떡하니 자리를 잡고 있다. 그중 나를 유난히 반가워하는 가게에 들어가니 반기문 유엔사무총장이 이곳에 튀니지 대통령과 함께 방문했었다며 길게 자랑을 늘어놓는다. 다른 골동품 상점에서는 제1차 세계대전 이전에 만들었을 것 같은 구식 권총들과 아랍 전통의 반월도를 보여주면서 이것들 모두가 가게를 운영하던 자신의 아버지 때부터 모은 물건들이라고 자랑한다. 낙타 뼈로 만든 보석함이 신기한 듯 만지작거리니 가게 주인은 이를 놓칠세라 흥정을 붙인다.

"1개 40디나르에 줄게요."

가격은 우리 돈 24,000원. 역시 여기서도 흥정이 필수다.

"그건 너무 비싸! 3개 60디나르!!"
"OK! Friend."

3개를 일괄 36,000원 정도에 구입을 했다.
수크에서는 화려한 채색이 돋보이는 나불^{Nabeul} 특산의 전통 도기와 각종 향신료, 시샤^{Shisha}라 불리는 물담배, 가죽가방 등 온갖 물건을 판매하고 있어 구경거리가 쏠쏠하다. 그중에서도 튀니지 전통의 붉은색 펠트 모자인 쉐시아는 그 모

▲ 알록달록한 색이 인상적인 튀니지 전통 목각인형

반기문 유엔사무총장이 방문한 가게에는 그의 사진이 걸려 있다.

▲ 향수 가게에 진열되어 있는 향수들 ▼ 카페에서 차를 마시며 물담배를 피고 있는 사람들

양과 색이 눈에 확 띈다. 시장의 활기찬 모습과 번잡함은 우리의 시장과 똑같지만 이들은 상대적으로 좀 느긋해 보인다. 점심때가 되면 가게들이 문을 닫기도 한다. 이곳저곳을 둘러보니 마치 시간이 『신밧드의 모험』에 나옴직한 오래된 아랍 도시에서 멈춘 느낌이다.

시장 골목길을 더 들어가니 카페가 보인다. 차를 마시면서 물담배를 피우는 카페다. 배가 불룩 나온 서양 관광객이 보글보글 소리를 내면서 물담배를 피우고 있다. 튀니지를 비롯한 중동 지역에서는 물담배 피우는 모습을 자주 볼 수 있는데, 이는 물담배의 물통이 필터의 기능을 가지고 있어 비교적 순하기 때문이다. 또한 술을 마시지 않는 이슬람권의 특성상 차를 마시면서 이야기를 나누는 일이 많기 때문이기도 하다. 여럿이 물담배를 피울 때는 손에 개인 필터를 들고 필터만 갈아 사용한다. 처음에는 우리의 '술잔 돌리기'처럼 이들도 친밀감의 표현으로 '담배 돌리기'를 하는구나 하고 생각했었는데 그것이 아니었다. 하지만 물담배를 나누는 것은 술잔을 부딪히는 것처럼 주변 사람들과 많은 교감을 나눌 수 있는 또 다른 기회가 되기도 한다.

수크는 파는 물건에 따라 여러 구역으로 나뉜다. 남대문 시장의 전문상가와 비슷하다고 생각하면 된다. 이곳 수크를 포함한 메디나의 규모는 반경 2km에 불과하지만 골목만 수백 개에 이르고 골목의 길이를 다 합치면 40km에 이를 정도로 복잡한 곳이다. 시장 안쪽 길은 언제나 사람과 물건이 서로 뒤엉킨 것처럼 보이지만 나름 질서를 가지고 업종별로 지역이 구분되어 있다.

시장 길을 걷다 보면 7세기의 이슬람 사원인 지투나 북쪽에 있는 수크 엘-아타린Souk el-Attarine가 나온다. 이곳은 13세기경에 세워진 곳으로 향신료 제품을 주로 판다. 바로 앞에서는 관광객들을 상대로 튀니지의 특산물인 올리브유와 대추야자, 그리고 각종 아랍풍의 달달한 불량식품 같은 사탕과 피스타치오, 잣, 호두, 아몬드, 땅콩 등 다양한 견과류를 팔고 있다. 지투나 모스크를 돌아서 가면 수크 엘-투르크Souk el-Trouk가 있는데 이곳에서는 튀니지 전통 의상을 판다. 젤라바를 이곳에서 사려고 했는데 외국인이라 값을 비싸게도 부른다. 결국 흥정도 시작하지 못했다. 아쉬운 마음을 뒤로한 채 이제는 지투나 모스크의 첨탑,

미나렛^{Minaret}을 향해 발걸음을 옮긴다. 미나렛을 잘 볼 수 있는 곳이 몇 군데 있는데 보통 카펫 가게 옥상으로 올라간다. 가게 앞에는 모스크의 풍경을 무료로 볼 수 있으니 올라가라는 호객꾼들이 여기저기에 있다.

메디나 안에서는 종교적인 이유로 건물을 모스크보다 높게 짓지 않는다. 그랬다가는 알라신에게 도전하는 불경스러운 일이 되어버린다고 하는데 그래서인지 대부분의 건물들이 모스크보다 낮다. 이런 이유로 옥상에 올라가면 메디나의 모습이 한눈에 보이는데, 오래된 건물이라 건축 당시의 모습을 그대로 간직하고 있다. 옥상의 내벽은 아랍 특유의 녹색, 푸른색, 노란색 타일 등으로 마감되어 있는데 이는 이슬람을 상징하는 색이라고 한다. 아치 모양과 창살 사이로 보이는 풍경이 이곳이 오래된 도시의 일부분임을 말해준다. 카펫 가게 주인 역시 수공예품 카펫을 자랑하지만 한 장에 300~500만 원인 제품을 선뜻 구입하기 어려운 것을 아는지라 돈 많은 다른 관광객들에게 눈길을 돌린다. 호객꾼의 간지러운 인사와 눈길을 뒤로하고 시장을 나온다. 이런 재미있는 곳을 언제 다시 올까 생각하니 수크에서의 짧은 시간이 아쉽기만 하다.

평화의 갈망
지투나 모스크

지투나 모스크는 수도 튀니스의 성스러운 곳 중 하나로 손꼽힌다. 이슬람 모스크는 뾰족한 첨탑과 둥근 돔 지붕이 어우러진 직선과 곡선의 조화로 이루어진다. 화려한 외관의 유럽 건축물과 달리, 모스크의 외관은 소박하다 못해 투박한 느낌마저 들지만, 내부는 꽃과 숫자를 연상케 하는 멋진 장식과 아라베스크 문양에 아랍 문자 캘리그래피까지 더해져 화려함의 극치를 보여준다. 또한 방과 방을 잇는 크고 작은 문들 때문에 모스크의 내부 구조는 마치 메디나의 골목을 엿보는 느낌이다. 723년에서부터 130여 년 동안 만들어진 지투나 모스크는 만들어진 지 거의 1300년이 다 되었다. 성스러운 모스크이자 크고 오래된 모스크 중 하나다. 7세기 아글라브 왕조 시절에 새로운 수도 건설을 축하하는 의미로 오베이드 알라 이븐 알 하브하브^{Obeid Allah Ibn-al-Habhab}가 건축했다. 9세기에 재건되어 오늘날의 모습을 갖추게 되었다. 지투나^{Zitouna}는 올리브나무를 뜻하며 자이투나^{Zaytouna} 모스크라고도 불리운다.

'자이투나'라고 하면 언뜻 이라크 평화재건사단으로 파견된 우리의 자이툰 부대^{Zaytun Division}가 생각난다. 평화를 상징하는 '올리브'의 아랍어인 '자이툰'이 부대의 애칭으로 사용된 것이다. 역사의 소용돌이 속에 있었던 도시의 평화를 간절

^ 지투나 모스크 첨탑　ˇ 테라스에 오르면 보이는 구시가지

히 바라는 마음에서 이름을 '올리브나무의 모스크'라고 지은 것이 아닐까. 지금 이곳은 예전의 그들이 바라던 대로 평화로운 기운으로 가득하다.

그런데 이 모스크는 왜 하필 좁고 낡은 시장 한가운데 있을까? 그 이유는 아글라브 왕조 시절에 지투나 모스크를 중심으로 구시가지가 발전해 지금의 모습이 된 것이기 때문이다. 예전부터 모스크에는 사람과 가축에게 가장 중요한 물과 식량이 있었으며 쉴 수 있는 공간이 있었다. 이슬람 도시들은 모스크를 중심으로 시장과 시가지로 발전해온 것이다.

모스크는 이슬람의 교육기관 역할도 했다. 건립 당시 도서관과 학생 기숙사를 갖추어 초기 대학의 구심점이 되었다. 지금도 모스크에 가보면 대부분 학교를 운영하고 있다. 이슬람 종교 지도자인 '이맘'을 중심으로 아이들에게 코란을 가르친다. 마드라사(이슬람 학교)가 있는 유명한 모스크로는 이집트 카이로의 알 아즈하르Al Azhr, 모로코 페스의 알 카라윈Al Karawiyyin이 있다. 1950년 최초의 유럽식 대학교가 튀니지에 설립되기 전까지, 이곳은 우리의 서당과 향교 같은 역할을 하며 많은 지식인들을 배출하였다. 지금은 예전의 영화를 뒤로하고 아잔 소리가 우렁차게 울리는 이슬람의 예배당으로 사용되고 있다. 역사를 잃지 않은 도시 튀니스는 문명화된 현대사회에서도 과거의 것을 잘 지켜감으로써 더욱 매력적인 모습을 갖추어나가고 있다.

오래된 건물이 도시를 젊게 한다

도시 공학자인 서울시립대 정석 교수는 오래된 건물 하나하나에 많은 역사와 이야기들이 묻어 있다고 했다. 『아라비안 나이트』처럼 끝없는 이야기와 설화들이 있는 오래된 도시 속에 있노라면 종종 이곳에 살고 있는 사람들이 부러워진다. 도시와 함께 흥망성쇠를 보낸 지투나 모스크와 더불어 아름다운 풍경을 만드는 주변의 구시가지에서는 매력이 넘쳐흐른다. 이슬람 특유의 아름다운 타일로 장식된 건물과 조화를 이루며 서 있는 지투나 모스크는 오래된 수크의 한가운데에 위치하고 있다. 모스크 가까이 있는 수크 엘-아타린느도 향기로운 기름과 향신료로 가득한데 이곳 또한 13세기 이래로 모스크와 같이 명맥을 유지해 왔다.

지투나 모스크는 무슬림이 아니어도 마당까지는 들어가 볼 수 있으나 내부는 아쉽게도 들어갈 수 없다. 아쉬운 마음으로 건물 밖에서나마 지투나 모스크가 세계문화유산으로 지정되었다는 조그만 안내판을 보면서 이곳의 역사를 짐작해본다.

지투나 모스크의 중앙 건물은 인근 로마의 유적지에서 가져온 200여 개의 대리석 기둥을 이용해 건설하였다. 모스크의 첨탑은 원형을 보존하고 있어서 그 가치가 매우 높은데, 이슬람 특유의 문양으로 화려하게 외부가 장식된 사각형 모양의 첨탑은 19세기에 증축된 것이다. 그래서 초기의 건축양식과 후반부의 건축양식이 공존하는 모양이 되었다. 이슬람을 상징하는 녹색 지붕에 금으로 장식한 3개의 원형구가 탑을 이루고 있고 그 아래 백색의 말굽 모양 아치로 장식된 창들이 눈에 띈다. 이것은 스페인 안달루시아의 영향을 받은 것인데 이곳 지투나 모스크뿐만 아니라 카이로우안에 있는 그레이트 모스크에서도 똑같은 것을 볼 수 있다.

지투나 모스크의 기도실에는 튀니지가 유럽의 도시와 교역을 하였다는 증거로 베네치아산 유리로 만든 거대한 샹들리에가 있으며 로마 시대 유적지에서 가져온 200여 개의 대리석 기둥들이 모스크를 지탱하고 있다. 대리석 기둥들은 상단의 모양이 각기 다른데 이는 서로 다른 지역에서 대리석을 가져왔기 때문이다. 이슬람의 입장에서 보면 이교도의 건물 재료를 이용하여 알라의 집을 꾸민 것이니 조금은 아이러니하지만 덕분에 로마의 흔적을 찾아볼 수 있어 우리에겐 다행인 일인지도 모른다.

◁ 테라스의 타일 장식

△ 수크 안 모스크 출입구와 마드라사(이슬람 학교) 입구

매력적인 메디나 풍경을 보러가려면 테라스로

"곤니찌와, 곤니찌와, Good, Welcome, Nice view"를 외치는 호객꾼은 안 사도 좋으니 들어가라는데 어쩨 낚였다는 느낌이 든다. 그래도 많은 여행객들이 이곳을 방문하면 꼭 '테라스'에 올라가 보라고 입을 모아 추천한다. 그것은 바로 옥상에서 메디나를 바라보는 모스크의 아름답고도 웅장한 전경 때문이다.

밑에서 보는 모스크의 모습과 위에서 보는 모스크의 모습은 확연히 다르다. 지투나 모스크를 가장 아름답게 볼 수 있는 곳이 '테라스'라 불리는 팔레 도리앙Palais d'Orient 카펫 가게이다. 옥상에서 지투나 모스크의 첨탑과 메디나를 한눈에 볼 수 있어 항상 많은 관광객들로 붐빈다. 여기에 자극을 받은 다른 가게에서도 옥상을 새롭게 꾸며 관광객이 모스크와 메디나를 구경할 수 있게 만들었다.

모스크와 메디나가 보이는 전망 좋은 곳은 카펫 판매점 같은 가게들인데 손님들에게 민트티 등을 대접하면서 구매를 유도한다. 돈이 없는 여행자들은 괜히 미안한 마음이 들어 구경하고 나오면서 자연스레 주인의 눈치를 보게 되는데, 정작 주인은 별로 개의치 않는 표정이다. 카펫을 사지 않더라도 이에 대한 전반적인 설명을 듣는 것은 나쁘지 않은 경험이다. 주인 입장에서는 가게에 전경 관람을 하러 관광객이 오니 좋고, 이들에게 물건도 팔 수 있으니 일석이조인 셈. 설령 카펫을 못 팔더라도 입소문이 나니 좋은 것이다.

가이드가 데려온 고객이 물건을 구입하면 일정 수수료가 가이드에게 지급되어 한마디로 '누이 좋고 매부 좋은 것'이 이들이 살아가는 방식이다. 이와 비슷한 곳이 모로코 페스의 가죽 염색 공장인데, 염색 작업장 테너리Tannery 주변에서 가죽 가게 주인들이 관광객들에게 테너리를 구경시킨다. 관광객이 물건을 사면 알라의 뜻에 따라 감사한 거고 안 사도 그만인 셈이다.

한니발의 숨결
카르타고의 비르사 언덕

튀니지에 오기 전에 시오노 나나미의 『로마인 이야기』를 읽었다. 2권의 제목이 「한니발 전쟁」이었다. 책을 다 읽고 난 뒤 카르타고와 로마가 맞서 싸웠던 자마Zama 대회전의 장소에 가보고 싶었는데, 튀니스에서 카이로우안 쪽으로 이동하는 길에 보이는 넓다란 평원이 '자마 평원'이라고 했다. 이곳에서도 자마 대회전이 있었다고 추측으로 알 뿐이지만 내 소망이 조금은 이루어진 것 같아 무척이나 설렜다. 그런 이유로, 비르사 언덕에 선 지금 감동이 솟구쳐 올라 가슴이 두근거린다.

한니발의 숨결을 느낄 수 있는 비르사Byrsa 언덕은 지금은 폐허가 된 유적지이지만 불세출의 명장 한니발의 숨결을 느낄 수 있는 역사적인 장소이기도 하다. 생루이 성당 오른쪽, 햇빛이 반사되는 눈부신 지중해를 배경으로 부서진 돌기둥과 벽만 남은 카르타고의 옛 유적지가 펼쳐진다. 오랜 세월이 흐르는 동안 바람과 비에 씻겨버린 흔적들, 폐허 멀리 보이는 옥색 바다는 이 모든 것을 알고 있을 것이다. 상전벽해(桑田碧海)라 했나. 지중해의 승자였던 시대를 지나 이제 이곳에는 흔적만이 남았다. 2000년 전에 불타버린 도시 유적에서는 아쉬움과 허전함이 밀려온다. 주변을 걸으면서 심호흡을 해본다. 팔을 펴고 고개를 들어

49

▲ 한니발 역 ▼ 알록달록한 캘리그라피가 인상적인 TGM 기차

보니 하늘이 보인다. 지중해의 눈부신 햇살은 모든 것을 강렬한 색의 대비로 만들어버린다. 역사 속의 한니발은 그동안의 영욕의 세월을 작은 역 이름으로나마 보상받는 듯하다. 한니발은 그렇게 이곳에 살아 있다.

튀니스에서 유적지가 모여 있는 카르타고 비르사 언덕으로 가는 방법 중 하나는 TGM 기차Tunis-Goulette-Marsa를 타는 것이다. TGM은 튀니스 마린부터 라 굴레트La Goulette, 종점인 라 마르사La Marsa까지를 연결하는 열차이다. 튀니스 마린 역에서 덜컹거리는 2량짜리 기차를 타고 '카르타지 한니발 역'으로 가면 된다. 관광객들은 역에서 내려 언덕을 천천히 걷기 시작하는데 이 지역은 휴양지를 끼고 있는 고급 주택지라 넓고 깨끗한 느낌을 준다. 이곳에서 가장 높은 비르사 언덕Byrsa Hill은 로만 카르타고의 유적지로, 멀리서도 잘 보이는 둥근 지붕의 생 루이 성당을 비롯한 로마 시대의 유적들이 각기 다른 모습으로 한 자리씩 차지하고 있다. 인근에 로마 극장Roman Theatre, 로만 빌리지Roman Village, 안토니우스 목욕탕Antonini Bath이 있으며 TGM을 타고 이동하면 카르타고 유적지인 토펫 신전Sanctuary of Tophet, 카르타고항 유적지Military Harbour 등을 볼 수 있다.

영웅 한니발과 카르타고

역사를 살펴보면 카르타고에 최초로 도시를 세운 민족은 페니키아인이었다. 지금의 레바논에 근거지를 둔 페니키아인들은 기원전 814년경 티레에 도시를 건설하였다. 이때부터 1000년 동안 이들의 문명이 지속되었다. 동부 지중해에서 북아프리카 지역으로 달콤한 포도와 올리브의 재배법을 전파한 이들이 페니키아인들이었으며, 이들은 알파벳의 시조가 되는 페니키아 문자를 사용하여 기록을 남겼다. 이것은 지중해 패권 장악과 동시에 북아프리카에 식민지를 건설한 카르타고의 힘이었다. 이들은 식민지를 용이하게 관리하기 위해 삼면에 바다를 낀 좁고 험준한 벼랑 꼭대기에 카르타고를 건설한 것이다. 카르타고란 이름은 페니키아어로 '새로운 도시'를 뜻하는 '카르트 하다스흐트Kart-Hadasht'에서 유래했는데 나중에 로마인들에 의해 '카르타고'로 와전되었다고 한다. 그리고 '포에니Punic'는 페니키아를 지칭하는 라틴어이다. 무참히 파괴된 카르타고 관련 기록 중 지금 남아 있는 것은 그리스인이나 로마인들이 남긴 기록뿐이다. 따라서 카르타고에 대한 것은 승리자의 입장에서 기록한 관점이라 내용이 왜곡되어 있을 가능성이 높다. 토페트 신전에서 페니키아인들이 자신의 장자를 신에게 제물로 바쳤다는 인신공양 역시 불분명하다.

지중해의 해상 무역권과 광물 교역권을 장악해 막대한 부를 거둬들이던 고대 도시 카르타고는 혜성같이 떠오르는 로마와 세 차례에 걸쳐 치러진 '포에니 전쟁'으로 그 수명을 다한다. 화무백일홍(花無百日紅)이라 했던가. 승승장구하던 카르타고의 무역 독점은 기원전 6세기 이후 수세에 몰리면서 기원전 146년, 로마군의 승리로 그 역사를 끝맺는다. 포에니 전쟁은 한니발의 이름을 따 '한니발 전쟁'이라 부르기도 한다.

카르타고는 로마와 3번에 걸친 포에니 전쟁 끝에 로마에 멸망당한다. 로마는 카르타고를 철저히 파괴했다. 도시를 건설할 때 방수를 위해 인화 물질인 역청을 사용했기 때문에 카르타고는 17일간 밤낮으로 불탔다. 역청은 노아의 방주 때부터 방수용으로 사용된 기록이 있는 인화성 물질이다. 불에 기름을 부은 격이니 도시는 활활 잘 탈 수밖에. 로마는 카르타고를 두려워했다. 불탄 도시에 다시는 풀 한 포기도 자라지 못하게 소금을 몇 겹이나 뿌려 주민이 살 수 없는 곳으로 만들었다. 그러나 로마는 지중해 무역과 군사의 중요성을 인식하여 카르타고가 있던 자리에 다시 도시를 건설하였다. 하지만 이 도시는 훗날 지진으로 인해 건물들이 무너져 지금까지도 폐허로 남아 있다. 지금 보이는 유적지는 지진으로 무너진 로마 도시의 흔적들이다.

로마는 이곳에 항구를 중심으로 한 계획 도시를 건설하였다. 포럼Forum이라 불리는 언덕에는 신전 같은 공공건물을 짓고 아래에는 주택지를, 바닷가에는 항구를 만들었다. 지금도 로마 시대 때 만든 항구의 모습이 남아 있다. 로마가 본격적으로 식민제국을 건설하기 시작한 것은 이곳 튀니지에서다. 페니키아의 카르타고와 리비아는 멸망하고 그 대신 로마가 지배하는 아프리카가 탄생했다.

이제는 폐허가 되어버린 카르타고 유적지 ▲

◀ 안토니우스 목욕탕

53

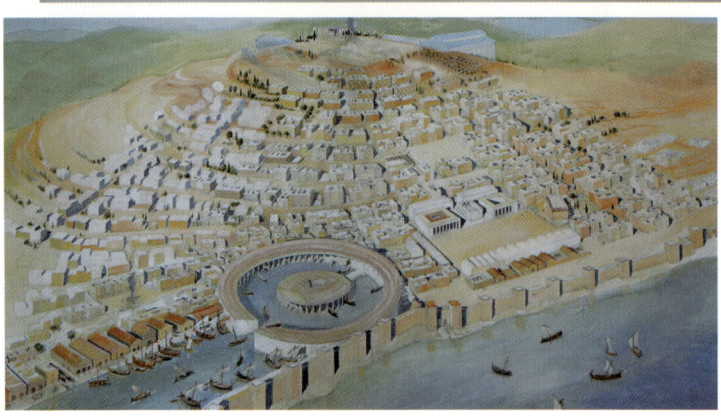

◇ 튀니지안 블루를 찾아서

북부 튀니지는 곡창지대였으며, 올리브유의 주산지였다. 당시 튀니지에서 올리브유를 이탈리아보다 더 많이 생산한 기록이 남아 있는데, 오늘날도 세계 5위의 올리브유 생산을 자랑하고 있으니 당시 튀니지에서 올리브가 얼마나 많이 생산되었을지 짐작조차 가지 않는다.

로마인들은 북아프리카에 교량, 댐, 수로 및 관개시설과 수천 킬로미터에 달하는 도로를 건설했다. 모로코 지역의 볼루빌리스에서 리비아의 렙티스마그나에 이르는 600개 도시를 그물처럼 연결하는 조밀한 도로와 수로 건설을 통해 식민지 건설을 완성했다. 지금도 스페인에서는 로마 시대에 건설된 수로를 사용하고 있을 정도로 이 수로는 튼튼하게 지어졌으며, 내구성 또한 뛰어나다.

로마 역시 상대적으로 본국과 거리가 멀었던 이 지역에서 흥망성쇠를 거듭하다가 게르만족의 일파인 반달족Vandal에게 굴욕을 당한다. 카르타고 점령 이후 570여 년이 지난 429년의 일이다. 반달족의 가이세리크는 439년에 카르타고를 중심으로 반달 왕국을 세운 후 대규모 함선을 조직해 지중해 연안의 로마 제국 영토를 차례로 점령하였다. 이후 반달 왕국은 북아프리카 지역과 시칠리아, 사르데냐, 코르시카 등 지중해의 섬들을 지배하는 왕국으로 성장하는데, 반달족은 로마인들이 소중하게 여겼던 신상의 머리를 죄다 날려버렸다고 전해진다. 그래서 이곳에는 머리가 없는 조각상들이 많다. '반달'이라는 이름은 오늘날 문화와 예술의 파괴 행위를 가리키는 영어 단어 '반달리즘Vandalism'의 어원이다. 하지만 북아프리카에서 반달족이 저지른 파괴 행위는 생각보다 적다고 한다. 반달 왕국은 북아프리카의 곡창지대인 튀니지의 올리브나무와 포도나무, 곡식을 차지하고 로마를 위협할 수 있었다.

카르타고 국립고고학박물관Musee National de Carthage에는 당시의 사료와 유적들이 전시되어 있다. 야외 전시장의 집터에는 볼링공만 한 돌로 만든 투석 포탄들이 놓여 있어 격렬했던 전쟁을 짐작케 한다. 전시실에는 당시에 사용하던 토기와 생활도구, 어린이가 사용한 조그만 새를 닮은 토기, 스핑크스 모양의 토기 주전자 등 당시의 생활을 알 수 있는 전시물들이 있다. 카르타고 박물관 입장료는 10디나르이다.

☪* Travel tip

자마 전투 Battle of Zama

기원전 202년, 카르타고에서 40km 떨어진 자마Zama 평원에서 한니발과 스키피오의 결전이 벌어졌다. 한니발의 카르타고 군은 2만 명이 전사하고 한니발은 가까스로 빠져나왔다. 기원전 201년 로마제국에 패배한 카르타고는 강화조약을 맺었다. 그 내용은 카르타고는 아프리카 밖의 모든 영토를 포기하고, 누미디아의 독립과 누미디아와 로마의 동맹을 승인하고, 로마의 허락 없이는 전쟁을 벌이지 않으며 1만 탈렌툼의 배상금을 50년 동안 갚는다는 것. 스키피오는 로마에 돌아와 개선식을 거행하고 아프리카누스라는 칭호를 받았다.

모자이크의 천국
바르도 박물관

어떤 나라를 처음 방문할 때, 그곳을 가장 잘 둘러볼 수 있는 곳을 꼽으라면 난 현지인이 많은 시장과 박물관을 추천한다. 특히 박물관은 과거부터 현재까지의 역사를 일목요연하게 잘 정리해 둔 덕에 여러모로 그 나라를 이해하는 데 도움이 된다. '튀니지의 루브르'라고 하는 국립 바르도 박물관Bardo museum은 '북아프리카의 진주'로 불리는 튀니지의 숨겨진 보물 창고와 같은 곳으로, 로마 시대 때 번성했던 당시의 풍습을 모자이크를 통해 엿볼 수 있으며 카르타고와 로마의 수많은 유물과 로마 제국 이후의 다양한 이슬람 유물 또한 소장하고 있다. 이곳은 튀니스의 중심가로부터 약 4km 정도 떨어져 있는데 튀니스 시내를 다니는 4번 트램을 타고 바르도 박물관 역Le Bardo Station에서 내려 조금만 걸어가면 박물관 입구에 도착할 수 있다. 박물관 입장료는 11디나르이고, 유물 사진 촬영은 1디나르를 추가로 받는다.

이곳은 이집트의 카이로 박물관과 함께 북아프리카 마그레브 지역에서 중요한 가치를 지닌 유물을 소장하고 있는 박물관 중 하나이다. 마그레브 지역의 특성상 리비아, 알제리, 튀니지 등의 지역에 산재된 유물을 체계적으로 모아놓은 곳이 적고 대부분 유적지의 형태로 남겨져 있다. 바르도 박물관에는 역사 이래

▲▼ 확장 공사를 끝낸 후라 좀 더 섬세하게 모자이크를 감상할 수 있는 바르도 박물관

3300년간 다양한 왕조와 제국의 식민지였던 튀니지의 굴곡진 역사가 남아 있다. 이곳에서는 정복자들이 남기고 간, 각기 다른 시대를 대표하는 귀중한 유적뿐만 아니라 그것을 품고 사는 튀니지인의 삶이 그대로 이어지고 있다.

바르도 박물관은 2012년 7월 25일에 확장 공사를 끝내고 재개관을 했다. 덕분에 넓고 쾌적한 공간에서 다양하고 섬세한 모자이크를 감상할 수 있게 되었다. 돌을 정육면체로 조각내 이토록 크고 다양한 모자이크 작품을 만들어냈던 그들의 예술적 수준은 보통의 솜씨라 할 수 없다. 섬세한 일을 조금만 해도 몸이 꼬이고 뒤틀려 버리는 일반인들은 감히 상상도 못할 일. 참고로 또 하나의 바르도 박물관이 알제리의 수도 알제에 있는데 그 때문에 나는 '바르도 박물관'이란 이름이 무슨 마그레브 지역의 박물관 연합인 줄 알았다. 하지만 그것은 내 무식의 소치였다. 국경을 맞대고 있는 튀니지와 알제리. 이 두 나라에는 유사한 점이 많은데 알제리의 바르도 박물관에도 많은 유물들이 전시되어 있다. 하지만 선사 시대에 그려진 암각화들이 야외에 그냥 방치되어 있을 정도로 열악한 전시 환경을 지니고 있다. 알제의 바르도 박물관에는 "이 유물은 너무나 대단해 '루브르 박물관'이나 '스미소니언 박물관'으로 가야 한다."라고 가이드가 강조하던 귀한 유물들이 많았는데, 그곳의 관리 수준은 아직 유물의 가치를 못 따라가는 것 같았다. 그나마 튀니지는 프랑스가 가져간 것 외에 남아 있는 유물들이 비교적 잘 관리되어 있어 이곳을 찾는 사람들에게 깊은 감명을 주고 있다.

원래 바르도 박물관으로 쓰이던 건물은 하프시드 궁전$^{\text{Hafsid Palace}}$이었다. 18세기 이슬람 건축의 표본으로 꼽히는 이 건물은 13세기에 건축되어 옛 오스만튀르크의 지방 통치자였던 베이^{Bey}의 관저로 쓰이다가 18세기에 개축되었다. 하얀 건물과 정교한 내부 장식, 모자이크 작품들이 방문객의 눈길을 빼앗는다.

마그레브 지역 최고의 고고학 박물관으로 대표되는 이곳은 1888년 문을 열었다. 이곳은 세 개의 층으로 구성되어 있다. 각 층마다 주제별로 기획된 전시가 진행되고 있고 이번에 확장된 건물은 증축과 개축이 반복되면서 시대별로 유행했던 양식이 자연스럽게 혼합되어 기존 건물과는 다른 독특한 내부 구조를 지니고 있다. 또한 독특한 형태의 프레스코 전시관도 있어 박물관을 방문하는 이들의 눈을 더욱 즐겁게 해준다.

이곳을 안내한 가이드는 "과거의 유물을 접할 수 있는 사람들은 과거를 통해 현재를 볼 수 있기 때문에 행복한 사람들이다."라고 말한다. 이것은 온고이지신(溫故而知新)과도 비슷한 말인데 북아프리카에서 동양의 사상과 통하는 말을 듣게 되니 신기하다. 프로이트는 '여행이란 몸의 이동이 아니라 생각의 이동이다.'라 했는데, 비슷한 생각을 공유하고 있다는 사실이 이들과 동질감을 느끼게 한다.

드리바^{Driba} 문을 통과해 일층 관람을 시작한다. 초기 카르타고 시대라 불리는 푼^{Pune} 시대의 조각상, 지하 도시라 불리는 불라 레지아^{Bula Regia}, 투부르보 마주스^{Thuburbo Majus}의 모자이크, 석상, 조각, 무기, 장신구 등이 전시되어 있다. 1914년에 발굴된 발 부분 조각은 요즘 여성들이 많이 신고 다니는 글레디에이터 샌들과 너무나 비슷하다. 또한 일층 전시실에서는 모자이크 분석 자료들과 복원 기술에 대한 자료도 보여주고 있는데 '후기 고대 로마 시대의 방'에는 뎀나^{Demna}에서 출토된 세례단 등 초기 기독교 및 로마와 관련된 유물이 전시되어 있다.

이층에는 로마 시절의 기독교 유물과 섬세한 로만 모자이크가 전시되어 있다. 카르타고의 대표적 유적지인 두가^{Dougga}, '엘젬^{El-Jem} 원형경기장', 지중해 도시인 수스^{Sousse}에서 발굴된 석상, 화려한 아랍의 문양으로 장식된 금빛 천장, 아랍 건축의 특징인 중정(中庭)을 중심으로 그리스 양식의 조각상들이 쭉 둘러져 있다. 대리석으로 만들어진 조각상들은 대영박물관에서 볼만한 훌륭한 작품들이다. 그런데 이 조각상들 중에는 머리와 팔이 없어진 것이 많고 남성상 같은 경우, 성기 부분이 없어졌다. 이것은 누군가가 떼어갔거나, 돌출 부위로 파손된 것인데 코가 없어진 조각상도 같은 이유다. 조각상의 선이 이렇게 부드러울 수 있나 하며 당시 로마인들의 솜씨에 감탄을 한다. 이 모든 것은 로마와의 활발했던 교류 덕분이었다.

삼층에는 자기와 유리 및 로마 시대 모자이크 등이 전시되어 있다. 그리스 신화가 그려진 자기와 반인반수의 신상들이 있다. 세계 최고의 모자이크로 유명한 이곳은 아랍-이슬람 시대부터 카르타고 시대를 지나 로마 시대에 이르는 다양한 모자이크를 전시하고 있다. 주로 튀니지의 고대 도시인 수스, 두가와 엘젬에

▲
바르도 박물관의 화려한
전시품들이 시선을 휘어잡는다.

▲▼ 바르도 박물관의 화려한 모자이크 작품들

서 출토된 것이다. 폭이 넓고 충실한 컬렉션은 모자이크의 진수를 보여주고 있다. 최고의 모자이크 박물관답게 전시장 벽에 화려한 모자이크를 복원해 놓아 관광객들의 눈길을 끈다. 벽뿐만 아니라 바닥에도 대형 모자이크가 전시되어 있는데 한층 더 올라가 이 작품을 내려다보면 그 웅장한 모습을 한눈에 볼 수 있다. 북아프리카의 강렬한 햇살과 지중해의 바닷바람 덕분인지 튀니지의 모자이크 속 모든 사물의 색은 그 어떤 작품들보다도 대비가 강렬하다. 이곳에 전시된 돌고래와 호랑이를 표현한 화려한 색상의 모자이크도 '색의 비밀'을 더욱 궁금하게 한다. 햇빛이 잘 드는 공간 구조 덕분에 박물관 안으로 환한 햇빛이 쏟아지고 이곳은 따스한 빛을 온몸으로 받아들이며 황금빛깔로 서서히 물들어 간다. 하얀 옷을 입은 아름답고 풍만한 여신이 상상되는 하얀 벽과 천장은 햇빛이 더해지니 오래 보아도 질리지 않는 또 다른 작품이 된다.

모자이크는 손톱만 한 색상의 돌조각인 테세라^{Tessera}를 이용해 만든다고 한다. 테세라는 작고 네모난 형태의 돌을 지칭하는데 이 단어는 라틴어로 '정육면체' 혹은 '주사위 모양'을 의미한다. 테세라를 하나씩 넣어 만든 모자이크는 색상과 색채의 대비로 평면에서도 입체감이 느껴지는 것이 특징이다.

로마 시대 전시장에는 당시에 유행했던 화려한 모자이크가 잘 보존되어 있다. 로만 모자이크는 기원후 2세기에서 6세기 사이에 만들어졌으며, 특히 3세기경부터는 튀니지 고유의 스타일이 나타나는데 튀니지의 장인들은 모자이크를 독특한 예술의 경지로 끌어올렸다고 한다. 이때 모자이크 장인들은 사이렌의 전설을 담은 「오디세이」 같은 작품을 남겼는데, 이것은 반인반수 세이렌의 노래가 가진 마력에 끌려가지 않기 위해서 스스로를 결박한 율리시즈의 이야기를 표현한 것이다. 또한 「포세이돈의 승리와 사계절의 여신들$^{Poseidon's\ Triumph\ and\ Four\ Seasons}$」이라는 작품에서는 원형경기장에서 쇼를 하는 동물들의 이야기를 담아 드라마틱하면서도 다채로운 색으로 표현한 것이 특징이다. 전시된 모자이크 중 로만 시대의 최고의 작품은 「베르길리우스^{Virgi}」이다. 수스에서 발굴된 3세기 작품으로 베르길리우스가 두 명의 뮤즈로부터 영감을 받아 서사시 「아이네이드^{Aeneid}」를 쓰는 모습을 묘사하고 있다.

튀니지안 블루의 절정
시디 부 사이드

튀니스에서 삼십여 분 정도 가면 지중해가 내려다보이는 언덕 위에 자리한 시디 부 사이드^{Sidi Bou Said}가 나온다. 튀니지 사람들과 관광객들이 많이 찾는 곳으로 그리스의 산토리니와 비교하여 '튀니지의 산토리니'라 부른다. 멀리서 보이는 마을 입구에는 푸른색의 창문들과 하얀 외벽들이 튀니스의 다른 지역들과 사뭇 다른 분위기를 나타낸다. 바로 이곳이 튀니지 특유의 파란색인 튀니지안 블루^{Tunisian Blue}를 느낄 수 있는 곳, 시디 부 사이드이다. 시디 부 사이드 마을로 들어가는 입구에 작은 공원이 있는데 이곳에서부터 파란색의 향연이 시작된다. 짙은 녹음의 나무들이 펼쳐져 있고, 강렬한 태양을 닮은 원색의 꽃이 화려하게 피어있다. 시디 부 사이드는 파란 하늘과 바다뿐만 아니라 마을마저도 파랗다고 해서 삼청(三靑)의 마을로 불리기도 한다. 예전에 이곳에 살던 '아부 사이드 이븐 칼리프 이븐 야히아 에타미니 엘 베지^{Abou Said ibn Khalef ibn Yahia Ettamini el Beji}'라는 성인이 있었는데 그 성인의 이름을 따 시디 부 사이드라는 이름을 붙였다고 한다. 이것은 '성스러운 사이드 씨의 집'이란 뜻으로, 'Sidi'라는 단어는 영어의 'Mr'라는 뜻이기도 하다. 이곳에는 비슷한 지명들이 많은데 '시디 부 알리'는 '성스러운 알리 씨의 집'이란 뜻으로 해석하면 된다.

⌃⌄ 시디 부 사이드는 하늘과 바다뿐만 아니라 마을까지 모두 푸른색을 띤다.

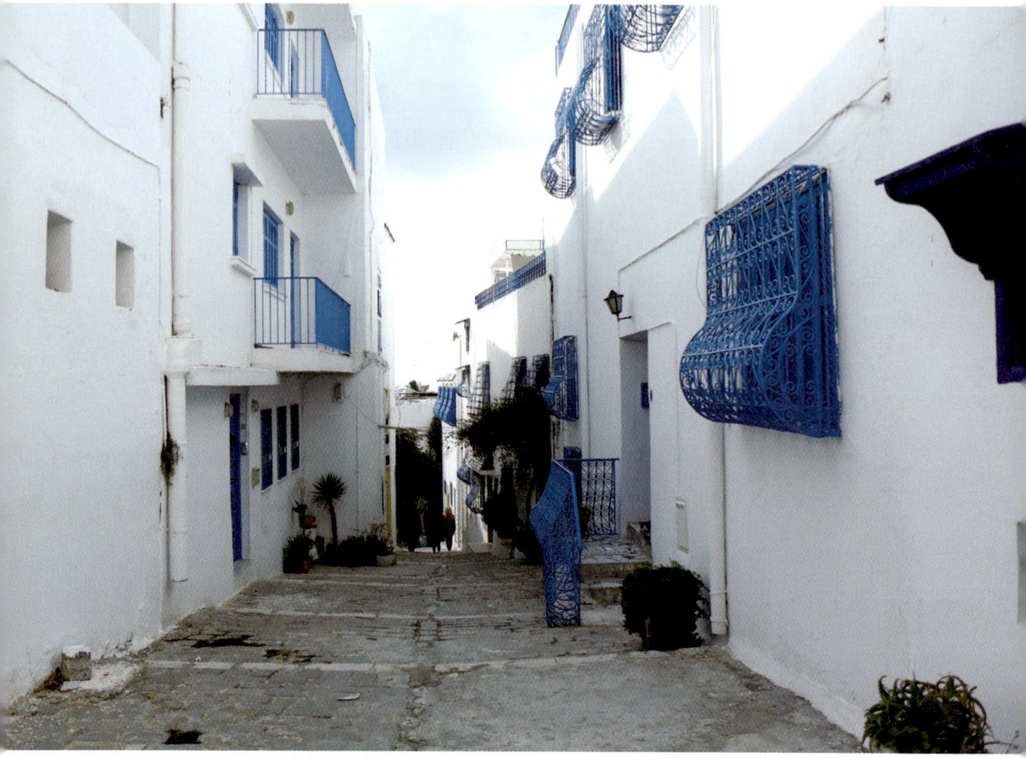

⌃⌄ 시디 부 사이드의 뒷골목은 사람의 통행이 적어 호젓하다.

삼청(三靑)의 마을

튀니스 여행의 백미 중 하나는 튀니스에서도 가장 아름다운 마을로 꼽히는 '시디 부 사이드'를 방문하는 것이다. 지중해의 태양 아래에서 가장 빛나는 곳인 시디 부 사이드는 한여름의 지중해 여행을 최고로 만들어주는 곳이다. 튀니지안 블루로 치장된 시디 부 사이드는 그들의 삶 가운데서 만들어진 곳이라 자연스럽고 평온하다. 강한 햇빛을 반사하기 위해 칠한 흰 벽과 바다를 닮은 푸른 대문과 창문이 시원하고 산뜻한 마을 풍광을 만들어낸다. 시디 부 사이드는 자기만의 색을 갖고 있어 더욱 빛이 난다. 시디 부 사이드가 튀니지안 블루의 마을이 되기 시작한 것은 1909년부터 21년까지 프랑스의 화가이자 음악학자인 루돌프 데를랑게르Rodolphe d'Erlanger 남작이 파란색과 흰색을 가지고 자신의 집을 꾸미기 시작한 때부터라고 한다.

프랑스 식민지 시절부터 많은 유럽인들이 지중해의 태양 아래에서 그림을 그리기 위해 튀니지로 왔다. 화가 파울 클레Paul Klee는 1914년 튀니지를 방문한 후 "색채가 항상 나를 지배하고 있고 지금 행복한 시간을 누리는 것은 바로 색채와 내가 하나가 되었기 때문이다."라고 기록했을 정도로 시디 부 사이드의 파란색을 애틋하게 생각했다. 하지만 이곳에 파울 클레가 사랑한 파란색만 있는 것은 아니다. 옥빛으로 보이는 지중해의 코발트빛 바다와 하얀 집들, 섬세한 무늬를 지닌 푸른색의 창살과 검정 못을 박은 현관문에는 물고기 문양과 파티마의 손을 형상화한 기하학적 문양의 장식이 달려 있다.

이런 풍경은 가까이서 보면 그 가치가 제대로 느껴지지 않는다. 파란색을 칠한 대문과 창은 가까이서 보면 그리 아름답지 않기 때문. 그러나 멀리서 마을을 본다면 이 모든 것들이 하나로 합쳐지고 조화를 이룬 모습을 볼 수 있다. 삼청이란 말 그대로 더욱 풍성한 색채가 가득한 파란 마을이 보인다. 시디 부 사이드의 중심을 지나는 오르막길에는 돌길이 이어지고, 길을 따라 크고 작은 카페가 있다. 그리고 그 주변에는 화려한 색채로 장식된 튀니지 전통의 채색 자기를 파는 노점상과 길가에 시디 부 사이드를 묘사한 그림을 펼쳐놓고 파는 길거리 화

▲ 재스민 꽃을 파는 사람

가들의 화실이 있는데, 이는 시디 부 사이드를 여행하는 이들의 눈을 즐겁게 해준다. 뜨거운 햇빛 탓에 파라솔을 펴놓고 장사하는 상인들도 큰소리로 호객 행위를 하느라 정신이 없다. 좁은 도로로 다니는 노란 택시, 그리고 붉은색과 흰색을 번갈아 가며 칠해놓은 도로 경계선을 사이에 두고 빨간 비키니 상의를 입은 관광객 아가씨까지 합세하면 그야말로 복잡하지만 재미난 풍경이 연출된다. 시디 부 사이드 언덕으로 오르는 길에 만난 재스민 꽃을 파는 아저씨. 꽃의 가격은 0.5디나르로 우리 돈으로는 350원 정도이다. 재스민 꽃의 강렬한 향이 인상적이다. 차로 마시는 건 알고 있었으나 재스민 꽃을 직접 보는 것은 처음이다. 튀니지에서는 여자가 이 꽃을 오른쪽 귀에 꽂으면 기혼이고 왼쪽 귀에 꽂으면 미혼이란 뜻이란다.

태양이 지고 난 후에도 골목은 여전히 파랗다

지중해 특유의 기후와 강렬한 햇살은 사물의 색을 더욱 선명하게 대비시킨다. 지중해의 바다와 하늘을 닮은 튀니지안 블루도 이곳에서 새롭게 탄생했듯, 튀니지의 정교한 모자이크 역시 이곳의 햇살과 바람, 바다를 품고 태어났다. 수많은 서구의 예술가들이 북아프리카에서 아름다운 '색의 비밀'을 찾으려고 했던 것은 결코 우연이 아닌 것 같다. 여유가 있다면 한두 달 정도 이곳에 머물며 사진을 찍고 글을 쓰면서 문학적 감흥과 풍성한 예술적 결과물들을 만들어내고 싶다. 예술적 자극과 색채의 향연이 어떤 결과물을 가져올지 무척이나 기대가 되기 때문이다.

이곳에는 지은 지 100년이 넘은 오래된 집들이 많다. 집집마다 아름다운 꽃과 나무를 정성스럽게 가꾼다. 집 안에 물소리가 들리는 분수를 만들고 이슬람 전통 문양의 타일을 붙여놓았다. 창문은 중정 쪽으로 나오고, 밖으로는 창문을 조그맣게 만들었다. 튀니지의 집은 대문 장식에 신경을 많이 쓰는데, 주로 하얀 벽에 파란 대문을 달고 검은색 장식으로 포인트를 준다. 튀니지 전통 가옥의 구조를 보고 싶다면 '다르 엘 안나비Dar el-Annabi'라는 작은 박물관을 방문해보자. 예전 시디 부 사이드의 생활과 집의 구조를 볼 수 있게 전시 및 운영되고 있다.

▼ 튀니지안 블루로 채색된 아름다운 대문들

^∨ 카페 내부는 앉아서 차를 마시는 구조이다.

시디 부 사이드의 명물 카페 데 나트와 카페 시디 샤반

시디 부 사이드 최고의 명소는 '카페 데 나트Cafe des Nattes'와 '카페 시디 샤반Cafe Sidi Chabane'이다. 두 카페 모두 아름다운 풍경으로 유명하다. 카페 시디 샤반은 시디 부 사이드를 소개할 때마다 등장하는 곳으로 둥근 돔이 산토리니와 비슷한 풍경을 자아내 관광객들에게 인기가 많다. 카페 데 나트는 시디 부 사이드의 한가운데 위치한 카페인데 언덕 꼭대기에 위치한 2층짜리 건물로 한쪽에는 푸른 창문이 달린 옥탑이 있고 작은 발코니 두 개가 양옆으로 높이를 달리하고 있다. 23개의 계단을 올라가면 연한 황토색 바탕에 흰색과 검은색으로 칠한 말발굽 모양의 입구가 나온다. 그 위에는 파란색으로 칠한 나무 기둥과 흰색으로 칠한 서까래가 보이는데 튀니지안 블루와 흰색의 조화가 깔끔하다. 테라스에는 관광객이 느긋하게 앉아서 물담배인 시샤를 피우고 있는데 해 질 무렵이 되면 석양이 보이는 입구 쪽 테라스는 언제나 자리 다툼으로 부산해진다. 카페 안쪽은 밖이 너무 밝은 탓에 다소 어두운 편이다. 카페 안의 붉은색과 녹색의 나무 기둥은 언뜻 보면 크리스마스 장식같이 보인다. 퇴색한 나무 선반과 그림, 그리고 흑백 사진은 이곳의 오랜 역사를 말해준다. 유명 인사들이 즐겨 방문했던 카페답게, 터키 스타일의 돔형 지붕과 모스크 바닥처럼 돗자리를 깔아놓은 이국적 분위기는 많은 관광객을 불러 모은다.

카페 데 나트의 '나트'는 돗자리란 뜻으로 오랜 친구같이 편한 카페를 만들어가려는 주인장의 마음을 반영하고 있다. 이런 이유 때문인지 카페의 한쪽 구석에는 오래전에 시간이 멈춘 것 같은 분위기가 감돈다. 녹색과 붉은색이 가득한 카페 안에 걸려있는 낡은 사진에는 카페 입구에서 멋들어지게 포즈를 취하고 있는 무희들과 신사들이 담겨 있다. 사진을 바라보고 있자면 그 당시의 화려했던 의상이 고스란히 느껴지는 기분이다. 그 당시 이 카페는 유명 인사들의 사랑방 역할을 했을 정도로 유명세를 떨쳤는데, 지금은 관광객들이 그들의 빈자리를 대신하고 있다. 뜨거운 커피 한 잔을 마시고 있으니 시샤를 피우고 싶은 욕구가 가득해진다. 이곳을 방문했던 사진 속의 사람들도 나와 같은 마음을 가지고 있지 않았을까.

사진이 전시된 벽 아래에는 앙드레 지드가 와서 평소에 글을 쓰곤 했다는 작은 테이블과 의자가 있다. 여기에 앉아 글을 쓴다면 앙드레 지드의 기운을 받아 글을 더 잘 쓸 수 있을지도 모른다는 엉뚱한 상상을 해본다. 그런데 이 자리에는 이상하게 사람들이 잘 앉지 않는다. 왜냐하면 돗자리가 깔려진 자리가 다리를 펴고 앉기에 더 편하기 때문. 그런 이유로 창가 옆자리는 언제나 인기다. 벽에 등을 대고 작은 찻잔 위에 놓인 차를 마시는 여유라니 참으로 부러운 일이 아닐 수 없다. 작은 파란색 창으로 들어오는 빛이 사람과 공간을 나눠놓는다. 앉아 있으면 스르륵 잠이 들 것 같다.

이곳은 앙드레 지드와 모파상, 알베르 카뮈, 생텍쥐페리, 시몬 드 보부아르, 화가 파울 클레와 그 친구인 표현주의 화가 루이 모알리에 등 유명한 사람들이 방문하여 글을 쓰거나 쉬어간 장소라 한다. 또한 왕성한 예술 작품 활동을 벌이는 예술가들이 많이 살고 있어 마치 파리의 몽마르트 같다고나 할까? 이러니 매년마다 많은 관광객들이 방문한다는 카페 데 나트에서 지중해를 바라보며 마시는 커피와 민트티 한 잔이 어찌 각별하지 않겠는가?

아랍 커피는 중독성이 있다

주인장과 그의 아들이 번갈아 가면서 지키는 이 카페에서는 터키 스타일의 커피를 내려준다. 센 불에 물을 끓여 내오는 커피는 맛과 향이 강렬하다. 누군가가 이렇게 말했다. '아프리카의 커피는 아프리카의 태양을 닮아 맛이 사납다.'고. 아랍 특유의 진하고 강한 향은 커피를 좋아하는 사람에게 깊은 인상을 남긴다. '카페라떼'나 '모카치노' 같은 세련된 커피가 없을 뿐, 커피 맛 자체는 훌륭하다. 커피가 부담스럽다면 튀니지 민트티를 맛보면 좋다. 민트티는 박하향 치약에 설탕을 넣어 끓인 맛인데, 처음에는 적응이 힘들지만 신기하게도 몇 번 마시다 보면 중독이 된다.

카페 시디 샤반

시디 부 사이드를 방문한다면 '카페 시디 샤반Café des Délices(Le Café de Sidi Chabáane)' 또한 꼭 들러야 한다. 알제리 출신의 프랑스 가수 패트릭 브루웰Patrick Bruel이 부른 노래 'Au Café des Délices'의 배경이 되어 유명해진 이 카페는 마리나가 한눈에 보이는 테라스의 풍경으로 유명하다. 시디 부 사이드 풍경 사진에 나오는 카페이니 그 유명세는 달리 설명할 필요가 없을 듯. 이곳은 바다가 한눈에 보이고 아랍풍의 카펫이 깔려 있는 야외 카페다. 관광객들이 한낮에서부터 저녁까지 하루 종일 복작거리는 유명한 곳인데, 해 질 무렵에는 석양이 아름다워 데이트족들이 많이 찾아온다. 이런 유명세를 가진 만큼 당연 가격도 착하지 않다. '카페 데 나트'가 정 많은 아줌마 같은 느낌이라면, '카페 시디 샤반'은 화려한 밸리댄서 같은 느낌이랄까.

▼ 근사한 전경을 자랑하는 카페 시디 샤반

카페 데 나트 옆길로 튀니지 도넛인 밤발루니^{Bambalouni}를 파는 조그만 가게가 있다. 화려하고 멋들어진 '도넛'이 아닌 우리가 어릴 적 좌판에서 먹었던, 밀가루 반죽을 기름에 튀긴 후 설탕에 굴린 '도나쓰' 같다. 쫄깃한 맛이 일품으로 가게 앞은 이미 기다리는 사람들로 문전성시를 이루고 있다. 그러나 대여섯 명이 늘어선 줄은 금방 줄어든다. 뜨거운 김을 불어가며 도나쓰를 한입 베어 문다. 예전에 인도에서 먹었던 '만다지'와 맛이 비슷하다. 이런 고소한 맛은 세계 어디에서나 통하는가 보다.

잠시 요기를 한 후 빨간 부겐빌리아가 흐드러지게 핀 돌길을 따라가면 언덕 아래에 작은 등대가 나타난다. 길을 따라 보이는 독특한 건축물은 16세기에 스페인에 있던 무슬림들이 이곳으로 이주하며 가져온 안달루시아와 오스만 양식이 혼합된 결과이다. 이곳은 시디 부 사이드에서 눈부신 바다가 한눈에 보이는 곳이다. 등대가 있는 건물은 예전 이슬람 신비주의인 수피즘의 본거지였다고 한다. 이곳을 찾아가려면 TGM의 첫 역인 튀니스 마린^{Tunis Marine} 역에서 TGM을 타고 시디 부 사이드 역에서 하차하면 된다. 시간은 35분 정도가 걸리고 0.65 디나르 정도의 요금이 든다.

달달하고 쫄깃한
맛이 일품인 도넛, 밤발루니

☪* Travel tip

튀니지에서 진정한 색의 의미를 발견한 파울 클레

독창적인 회화 언어로 사물의 본질과 정신적 의미를 전하려고 한 추상화가 파울 클레Paul Klee는 서른여섯이 되던 해인 1914년 4월, 어린 시절 친구와 동료 화가 루이 모알리에Louis Moilliet와 함께 튀니지로 여행을 떠났다. 클레는 튀니지 하늘의 투명한 빛과 원색의 풍요로움을 보고 강한 인상을 받아 활발한 작품 활동을 하였으며, 그는 튀니지에서 보낸 12일간 300여 점의 수채화를 그렸고, 후에도 다양한 작품으로 튀니지에 대한 기억을 표현했다. 클레가 미술사에 큰 족적을 남길 수 있었던 것은 이렇게 현상을 추상 경향으로 바꾸었기 때문인데, '클레'에게 튀니지 여행은 색채를 깨닫고 자각을 갖게 해주었을 뿐 아니라 기억을 기초로 한 추상 미술을 시작하게 된 계기이기도 했다.

카프봉 반도의
오렌지와 매사냥

주황색 오렌지가 지중해의 뜨거운 태양을 닮았다는 생각이 든다. 뜨거운 태양과 바람에 영근 오렌지는 지중해의 성격을 그대로 닮았다. 첫맛은 새콤하고 뒷맛은 달콤한 맛. 첫키스의 여운이 오랫동안 입술에 남아 있는 것처럼 한참이 지나도 오렌지의 향기가 입안에서 감돈다. 많은 사람들이 오렌지를 사랑하는 이유가 여기 있는 것 같다. 여행자의 갈증을 풀어주는 튀니지 오렌지의 싱싱하고 상큼한 맛은 이전에 내가 알고 있던 맛을 몽땅 잊게 할 만큼 매력적이다.

길거리 카페에서 착즙기에 오렌지 두 개를 짜내면 한 컵이 금방 찬다. 과즙이 풍부한 이 오렌지 주스를 마시면 마치 지중해의 태양을 닮은 맛을 느껴볼 수 있다. 얼음 없이도 시원한 맛이 입 안에 가득 찬다. 가격도 우리 돈으로 1,000원에서 1,500원 내외. 과즙 100%의 오렌지 주스는 여행자의 입을 고급으로 만든다. 길거리에서 파는 과일은 가격이 매우 저렴해 여행 중 한두 개씩 부담없이 사서 먹는 '길거리의 오아시스'라고도 할 수 있는데, 밥 대신 과일로 배를 채울 수 있다는 사실이 여행자에게는 굉장한 매력이 된다. 단, 과일만 너무 많이 먹다가는 과당 때문에 당뇨 같은 지병이 있으신 분들은 오히려 건강이 나빠질 수 있으니 조심하시기를.

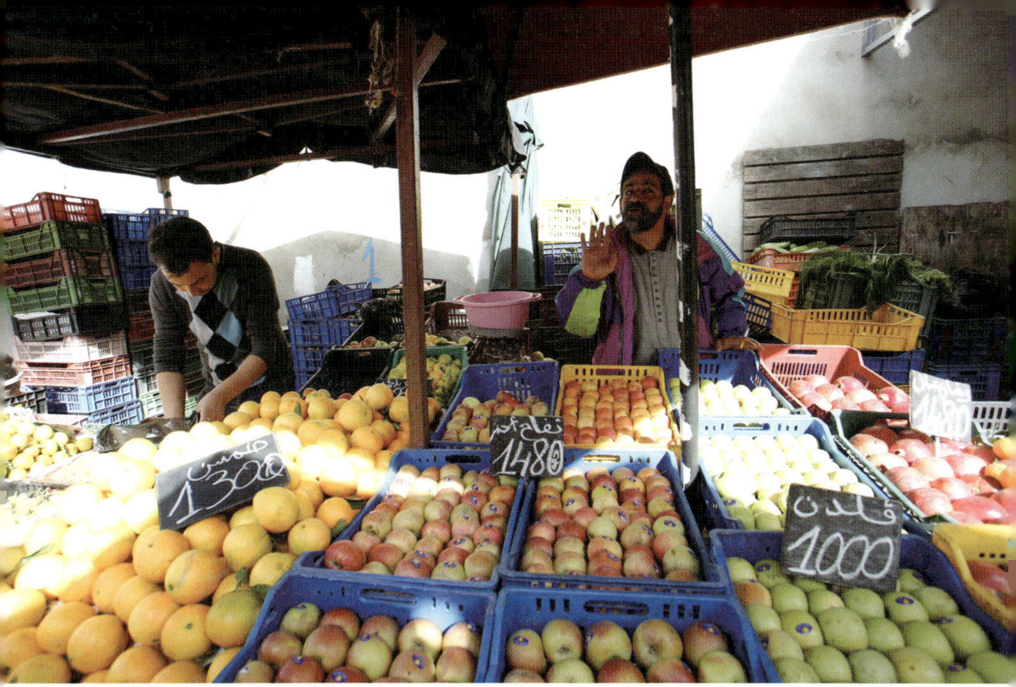
1300
1480
1000

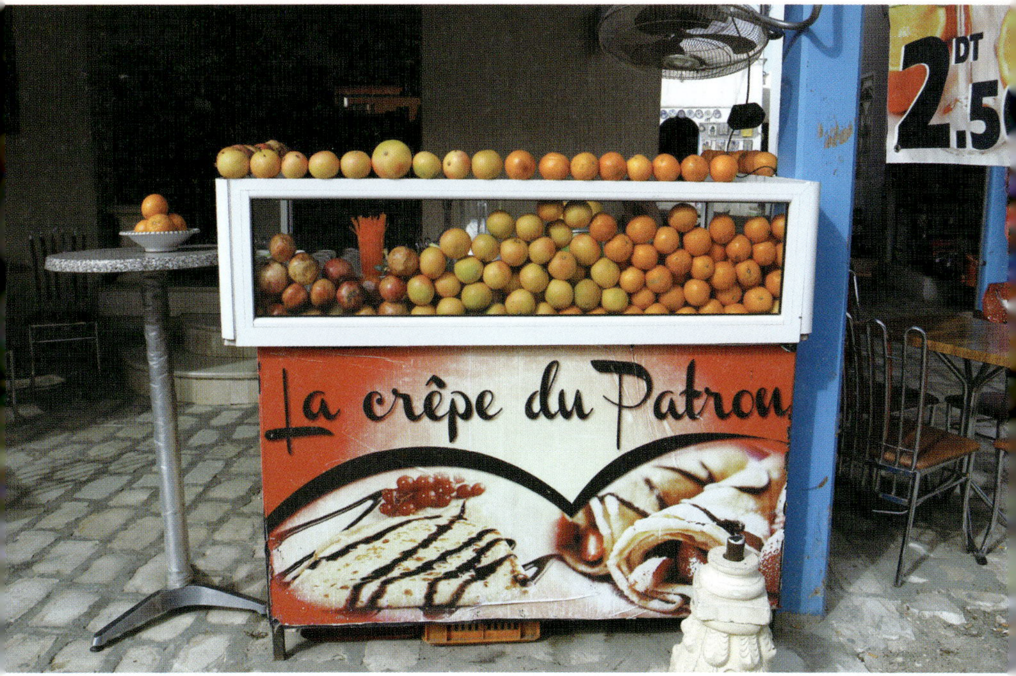
La crêpe du Patron

튀니지에서 흔하게 먹을 수 있는 과일은 오렌지뿐만 아니라 여름철에는 멜론, 수박 등이 있고, 더불어 여름이 끝나면 오렌지, 포도, 석류 같은 과일이 많이 나온다. 그러나 시중에서 팔리는 과일 중에는 벌레 먹은 것들이 많이 있으니 잘 골라야 한다. 포도 몇 송이에 2디나르 정도. 여럿이 먹어도 남을 정도로 양이 푸짐하다.

카프봉 반도의 블러드 오렌지

튀니지의 비옥한 땅인 카프봉 반도^{Cap Bon}는 튀니스의 동쪽에 위치한 곳으로 소뿔같이 튀어나온 모양을 가진 반도이다. 채색 도자기로 유명한 나불^{Nabeul}과 켈리비아^{Kelibia}가 있는 곳으로 산과 나무, 아름답고 고운 파란색의 지중해가 어우러진 경치를 자랑하는 곳이다. 블러드 오렌지 재배로 유명한 멘젤 부 젤파^{Menzel Bou Jelfa}라는 도시가 있다. 여기 오렌지는 속살이 붉은색이다. '블러드 오렌지'라 불리는 종으로 주로 이탈리아와 에스파냐에서 재배된다. 우리나라에는 레드 오렌지라고 소개된 블러드 오렌지는 붉은색의 과육으로 일반 오렌지에 비해 비타민C 함량이 높다. 독특하고 강렬한 향, 신맛과 단맛, 미묘하면서도 오래 남는 쌉쌀한 뒷맛이 세계 최고의 품질이라고 한다.

튀니지에 오렌지가 처음 들어온 것은 이슬람 지배하에 있었던 8세기 무렵으로 스페인 안달루시아에서 추방된 유대인과 무슬림들이 이곳에 이주하면서 묘목을 가지고 왔다. 나중에 이탈리아와 시칠리아, 몰타 등에서 오렌지 나무가 들어오기도 했는데, 튀니지의 많은 일조량과 오렌지를 재배하기에 적합한 기후 덕분에 현재에는 그 어느 오렌지들보다도 달고 맛이 좋은 오렌지 품종을 자랑하고 있다. 이렇듯 유럽에서 지중해를 건너와 튀니지에 뿌리내리고 있는 오렌지 나무들. 이 땅이 오렌지 나무를 받아들인 것 같이 이민족들이 들여온 낯선 문화도 오렌지의 달고 시원한 맛처럼 튀니지의 뜨거운 땅 위에서 아름답게 열매를 맺고 있다.

튀니지의 특산물, 네롤리 오일

카프봉 반도에서 나불 쪽으로 가다 보면 비터 오렌지 농장이 있다. 이곳의 농장에서는 오렌지가 아닌 하얀 오렌지 꽃에서 향수의 원료인 네롤리 오일을 생산하고 있다. 네롤리 오일은 비터 오렌지의 꽃잎에서 전통적인 증류법으로 만드는데 추출양도 1% 미만인 고가의 오일이다. 보통 오렌지 꽃을 일일이 손으로 따 1톤의 꽃에서 600~800g의 오일을 추출한다. 오렌지 꽃은 순결과 확고한 사랑을 상징하는 결혼식 부케에 사용되었고, 신혼부부의 초야(初夜)의 긴장을 풀어주는 심리적 안정제로 사용되었다. 중세 이전부터 결혼식에 빠뜨릴 수 없는 향수로 사랑받아온 것이다.

튀니지 오렌지 농장에서 생산되는 네롤리 오일은 향과 품질이 뛰어나 세계적인 향수, 화장품 업체의 향수 원료로 공급되고 있다. 비터 오렌지의 잎과 잔가지에서는 페티그레인Petitgrain이라는 오일이 추출되는데 네롤리 오일과 비슷한 효능이 있어 상대적으로 저렴한 가격에 생산되는 까닭에 '서민의 네롤리'라 부른다. 이렇게 비터 오렌지 나무에서 세 가지 종류의 서로 다른 오일이 생산되는데, 껍질에서는 비터 오렌지 오일, 잎에서는 페티그레인, 비터 오렌지의 하얀 꽃을 증류하면 네롤리 에센셜 오일이 얻어진다. 수증기를 이용한 증류 방법은 페르시아 출신의 철학자이자 과학자인 아비체나Avicenna가 발명하였고 이 방법이 곳곳으로 퍼지면서 술과 향수를 만드는 데 이용되었다.

◀ 오렌지 판매 부스 ▼ 오렌지 1kg에 우리 돈 천 원 정도다.

튀니지 가정에서는 보통 한두 가지의 플로랄 워터를 집에 준비해둔다. 네롤리, 제라늄, 그리고 꽃의 여왕 장미, 라벤더로 만든 플로랄 워터가 일반적인데, 이들은 약방의 감초같이, 혹은 만병통치약으로 사용된다. 향기를 위해 과자나 빵 같은 음식에도 넣고, 두통이나 복통이 오거나 소화가 안 될 때는 차로 마신다. 이들은 장미수에 석류를 넣어 달달하게 먹는데, 이를 아침에 부은 눈에 바르면 신기하게도 붓기가 사라진다고 한다. 몸이 피곤할 때 네롤리 오일이나 제라늄 오일을 오일 램프에 발산시키면 피로가 풀린다. 집에서 네롤리 오일과 플로랄 워터를 만드는 방법은 간단하다. 압력솥에 꽃과 깨끗한 물을 넣고 끓이면 수증기가 나오게 되고 이것을 냉각시키면 향유$^{Essential\ Oil}$가 위에 얇게 뜨고 그 밑에는 향기가 있는 플로랄 워터가 고인다. 이것을 따라서 쓰면 된다. 생각보다 어렵지 않지만 시간과 정성이 많이 들어가는 작업이다.

아직도 튀니지의 일반 가정집에서는 압력솥을 이용해 플로랄 워터를 만들고 있으며, 튀니지의 수크에서는 전통적인 증류 방법으로 만들어진 향유와 향수들을 팔고 있다. 관광객들이 손쉽게 접근할 수 있는 곳이 바로 지투나 모스크 인근에 있는 수크 엘-아타리느이다. 이곳에서 판매되고 있는 향유와 향수는 전통적인 방법으로 만들어져 그만한 가치가 있다. 모로코의 아르간 오일이나 튀니지의 네롤리 향수, 제라늄 향수, 재스민, 장미, 라벤더, 페퍼민트, 민트, 계피, 정향 등 처음 보는 수많은 오일 추출물들과 향신료들이 가게들을 가득 채우고 있는데 어느 것을 고를지 행복한 고민을 반복하게 된다.

엘 하와리아와 매사냥

엘 하와리아$^{EL\ Haouaria}$는 카프봉 반도의 작은 해안가의 어촌이다. 이곳은 매년 열리는 국제적인 매사냥 축제로 유명하다. 동네 입구로 들어서면 문에 그려진 두 마리의 매가 사람들을 환영한다. '엘 하와리아'는 카프봉 반도의 끝에 있는 마을로 로마 시대에는 아퀴래리아^{Aquilaria}라고 불리었다. 이 뜻은 '매의 동네$^{Country\ of}$

Eagles'라는 의미로 로마 시대 이전부터 매사냥으로 유명한 곳이었다. 튀니지의 매사냥은 전통적인 생계 수단이었지만 요즘에는 레저 스포츠로 통한다. 매는 시장에서 구입하거나 남쪽으로 날아가는 이동로에서 야생의 매를 잡는다고 한다.

매사냥은 선사 시대부터 시작되었다. 매와 독수리같이 뛰어난 사냥꾼인 맹금류를 이용하여 새나 들짐승을 잡는 것이다. 매사냥은 기원전 8세기에 고대 앗시리아에서 시작되었다는 기록이 있고, 몽고의 칭기스칸 이후 유라시아 대륙에서 널리 흥행했다. 요즘은 미국, 유럽, 중동의 부호들이 즐기는 고급 레포츠로 발전했다. 이슬람 지역에서는 매사냥이 남자들의 고급스러운 취미로 여겨지고 있으며 현대그룹의 고 정주영 회장이 아랍 쪽 건설 수주를 위해 아랍 귀족들에게 우수한 품종으로 이름난 우리나라의 송골매를 선물로 주었다는 이야기가 있다. 좋은 사냥매는 초특급 대우를 받는다. 냉난방이 완비된 방에서 길러지고, 비행기를 탈 때도 따로 좌석을 마련할 정도로 대우를 잘 받는다고 하니 얼마나 소중하게 길러지는지 알 수 있다.

매사냥 축제

매사냥 축제Falconry는 매년 6월(6월 12일~15일 정도)에 열리는데, 벌써 50회가 넘었을 정도로 오랜 축제의 역사를 지니고 있다. 매사냥 축제는 나디 엘 바야자라 매사냥 센터Nadi el Bayazara Falconry Centre를 중심으로 3일 동안 지속되는데 다양한 매사냥을 직접 볼 수 있다. '엘 하와리아 매 축제El Haouaria Festival of Eagle'에서는 각지에서 올라온 최고의 매 조련사들이 자신들의 매를 데리고 참석한다. 매사냥 축제가 시작되면 이곳에는 수천 명의 관광객들과 전 세계의 매사냥 관련 인사들이 방문하는데 특히 아랍에미레이트 지역과 사우디 등의 아랍 지역 매사냥 동호인과 왕족들이 주로 방문한다. 엘 하와리아가 매사냥으로 유명해질 수 있었던 이유는 매의 먹이인 철새들의 이동 경로이며 해안선 주변이 거친 절벽으로 이루어져 철새들의 안전한 쉼터가 되어 왔기에 철새를 먹이로 하는 매사냥이 자연스럽게 발전할 수 있었던 것이다.

무슬림 남자들은 라마단 기간을 위해, 혹은 혼자만의 시간을 갖기 위해 종종 사막으로 들어가 베두인 텐트에서 지내며, 전통적인 이슬람 방식의 식사와 매사냥으로 시간을 보낸다고 한다. 언뜻 보기에 매사냥은 사치의 극치를 달리는 것 같지만 인내와 신중함을 단련하는 훈련으로는 최고라고 한다. 그리하여 환경이 바뀌면 언제라도 거친 옷, 거친 음식으로 돌아갈 마음 자세를 가다듬는 것이다. 그들은 이렇게 사막에서 야생과의 교감을 통해 호연지기를 기른다.

☪ Travel tip

튀니지의 온천지대 코르부스

튀니지에는 몇 군데의 온천지대가 있는데 그중 튀니지 사람들에게 가장 유명한 온천이 카프봉 반도에 있다. 바로 코르부스Korbous 온천인데 이곳은 바닷물이 온천탕으로 바로 떨어지는 노천 온천으로 유명한 곳이다. 이곳에 가려면 보통 루아지를 타고 가야 하는데 튀니스에서 솔리먼Soliman을 거쳐 코르부스로 가는 길 중간 언덕에서 기사에게 내려달라 이야기해야 한다. 언덕에서 내려 도로를 따라 해안으로 가면 바닷가에 온천이 있다. 이곳에는 호텔과 함맘이 있는데 함맘인 실내 온천과 무료로 개방하는 노천 온천이 있다. 두 곳 모두 수영복을 입고 온천욕을 한다.

INSIDE Tunisia

튀니지에는 돼지고기가 없다
그럼 소주도?

여행을 계속 하다 보면 어느 순간 몸이 힘들다는 신호를 보내오는 때가 온다. 이때는 고기를 먹어 원기를 보충해야 한다. 그러나 우리와 다른 식생활을 가진 곳에서는 어떤 고기를 먹어야 할지 난감할 때가 있다. 그럴 때면 우리에게 익숙한 돼지고기, 닭고기, 쇠고기를 먹게 되는 것이 가장 안전한 선택이 되는데, 튀니지에서는 돼지고기를 찾아보기가 매우 어렵다. 이슬람의 율법으로 돼지고기를 금했기 때문. 그래서 외국인을 대상으로 하는 호텔 식당에서도 아침 식사에 그 흔한 베이컨을 발견할 수 없다. 그러나 프랑스계 대형마트인 까르푸 *Carrefour*와 모노프리*Monoprix*에서 돼지고기를 판매한다. 또한 외국인 관광특구에 있는 호텔에서는 간혹 돼지고기 요리가 나오기도 한다. 돼지 도축과 요리를 비무슬림인 사람이

◆ 튀니지안 블루를 찾아서

담당하고, 앞에 돼지고기임을 표시한다. 대부분의 호텔 식당에서 나오는 햄은 칠면조로 만들고, 소시지는 닭고기나 쇠고기로 만든 '메르게즈*Merguez*'가 나온다. 메르게즈 소시지는 매운 고추 양념인 하리사, 계피 등 각종 향신료로 만들어 매콤한 맛이나 우리 입맛에 어느 정도 잘 맞는 음식이다.

튀니지의 대형 마트에 가면 다양한 술을 구할 수 있다. 맥주 몇 종류와 보드카, 와인, 위스키 등이 구비되어 있는 것. 그러나 마트에서도 금요일에는 주류를 판매하지 않는다. 그리고 호텔 식당이나 외국인을 상대로 하는 레스토랑에서 맥주, 와인을 판매하니 술 마시는 것은 그리 어렵지 않다.

튀니지에서는 프랑스에서도 호평을 받을 만큼 품질이 좋은 마공*Magon* 와인이 생산된다. 참고로 튀니지에는 한국 식당은 없으나 아시아 음식을 파는 식당이 한 군데 있다. 또한 한국 마켓이 없어 한국 음식이나 소주를 구하기도 어렵다. 그래서 '죽어도 소주파'인 여행객들에게는 여간 고역이 아닐 수 없다.

하나의 팁을 더하자면 할랄*Halal*로 명명되는 것은 이슬람 문화권에서 허용되는 음식을 뜻한다. 야채, 과일, 곡류 같은 모든 종류의 식물성 음식과, 어류와 어패류 등의 해산물들은 전부 할랄로 간주한다. 육류의 경우에는 이슬람식으로 알라의 이름으로 도살된 고기만이 할랄 미트로 명명된다. 마크루*Makruh*는 이슬람에서 권장되지 않는 것을 의미하며, 하람 *Haram*은 이슬람에서 금지된 것을 의미하므로 음식을 먹을 때 주의해야 한다.

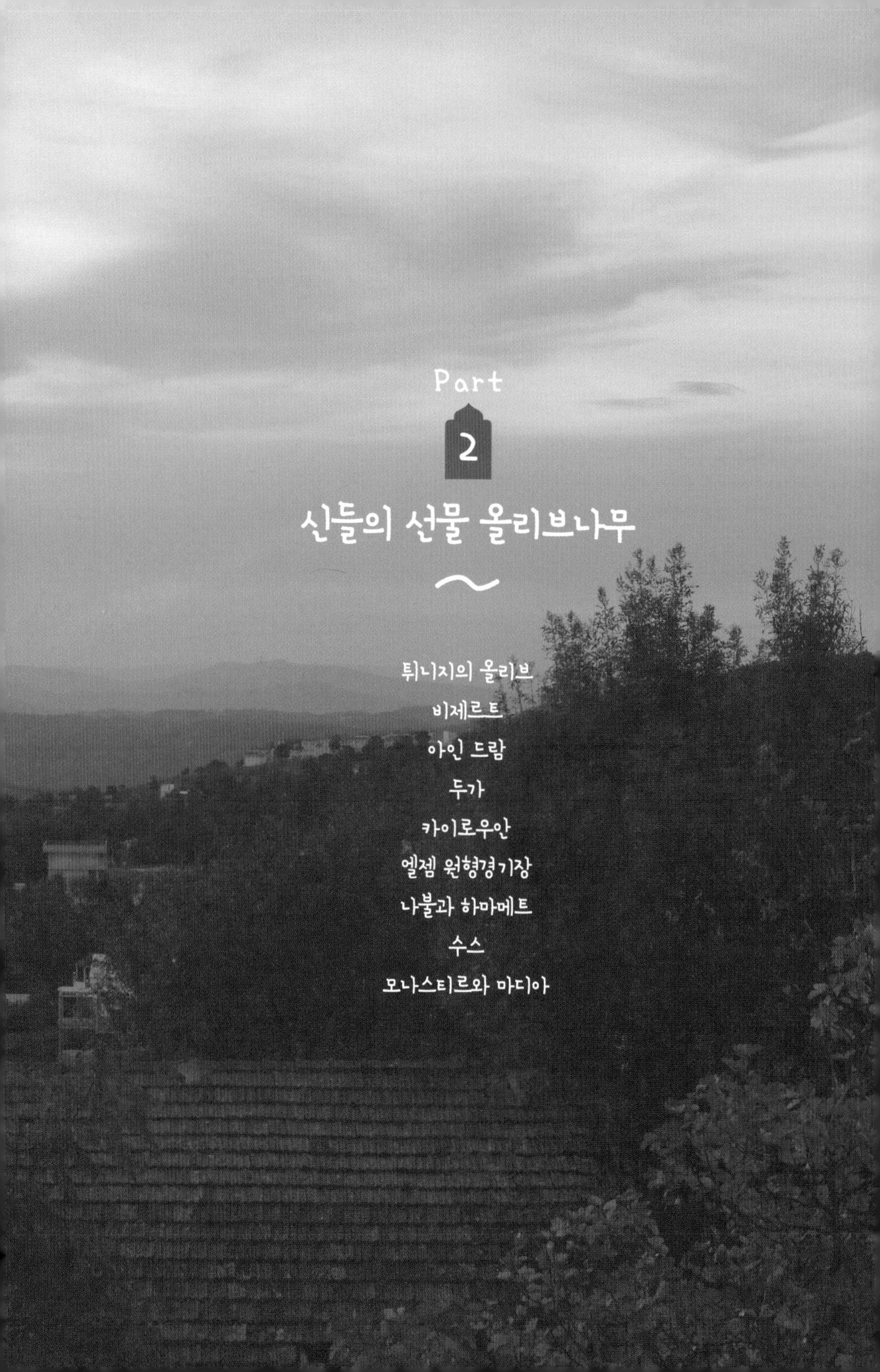

Part 2

신들의 선물 올리브나무

튀니지의 올리브

비제르트

아인 드람

두가

카이로우안

엘젬 원형경기장

나불과 하마메트

수스

모나스티르와 마디아

튀니지 하면 올리브,
올리브 하면 튀니지!

건강을 생각하는 웰빙과 지중해식 식단의 유행으로 올리브에 대한 관심이 높다. 올리브는 불포화지방산 함유가 높은 건강식품이다. 올리브유에 붙는 엑스트라 버진Extra Virgin이니 파인Fine 같은 명칭은 올리브유의 종류를 나타내는데, 가장 좋은 품질은 엑스트라 버진으로 주로 샐러드 등에 넣어먹는다.

우리나라의 경우에는 올리브유를 스페인과 이탈리아에서 주로 수입해 튀니지산 올리브유는 찾아보기가 매우 힘들다. 튀니지는 세계에서도 손꼽히는 올리브 산지 중 하나로, 전 세계 국토 면적 대비 올리브 재배 면적이 가장 넓은 나라(약 7천만 그루)다. 국제올리브협회International Olive Oil Council의 2014년 통계자료에 따르면 스페인, 이탈리아, 그리스에 이어 세계 4번째의 올리브유 생산국이고(EU 이외에서는 최대 생산국) 튀니지 농산물 수출 중 40%를, 해외 수출품에서는 5번째 순위를 기록할 만큼 중요한 수출품이다.

대강의 수치만 보아도 올리브는 튀니지의 중요 농작물 중의 하나이다. 튀니지는 건조한 기후 탓에 농사를 지을 수 없는 땅이 많아 메마른 땅에서도 잘 자라는 올리브를 전국적으로 재배한다. 우리나라에서도 좋은 농수산물을 외국에 먼저 수출하듯 튀니지에서도 생산된 올리브유 80% 정도를 국외로 수출한다. 농

⌃ 강렬한 튀니지의 햇빛 아래에서 영글어가는 올리브 열매

⌄ 튀니지에서 흔하게 볼 수 있는 올리브 농장

사를 짓는 이들에게 몇 평의 땅을 소유하고 있는지가 부의 척도가 되는 것처럼, 튀니지에서는 올리브나무 수가 그 사람의 부를 알 수 있는 척도가 된다.

올리브를 수확해야 하는 계절이 되면 많은 노동력이 필요해 인근에 사는 친척들이 모두 귀향하여 올리브 따는 일을 돕는다. 올리브 추수가 얼마나 중요한 국가사업이냐면 튀니지 정부도 군인들을 동원해 대대적으로 올리브 따는 것을 도울 정도다. 또한, 올리브 열매는 수확 때 손이 많이 가는 작물이라 수확 철이 되면 도시에 나가 있는 친척이나 자녀들이 휴가까지 내 수확을 돕는 것이 하나의 일상처럼 되어 있다. 올리브 수확이 끝나면 주변 사람들과 형제, 자녀들에게 새로 짠 올리브유를 보내준다. 이는 김장 김치를 여러 가족과 이웃들이 함께 나누어 먹는 우리네 모습과도 매우 흡사한데, 음식을 나누어 먹는 정과 사랑이 소중한 나라 튀니지는 이렇듯 매우 인간적인 정감이 있는 나라이다. 추수하는 풍경이나 사람들의 정서가 우리의 모습과 매우 비슷해 저절로 친근감이 든다.

튀니지에서는 지중해성기후의 특성상 여름철에는 고온 건조한 날씨 탓에 다른 작물을 재배하기가 어렵다. 그러나 척박한 땅과 고온 건조한 기후에서도 올리브나무는 특유의 생명력으로 자라 이곳 사람들의 삶에 커다란 몫을 하고 있다. 어린나무로부터 오래된 고목에 이르기까지, 심지어 마을의 가로수도 올리브나무이다. 올리브나무는 튀니지 국토 전체에 심어져 있어 전 세계 올리브유의 15%(세계 4위, 1위는 스페인)를 생산하고 있다.

『미식예찬』으로 유명한 프랑스의 수필가 장 앙텔므 브리야 사바랭Jean Anthelme Brillat-Savarin은 "네가 뭘 먹는지 말해주면 네가 누군지 알려주겠다."라고 했다. 귀족은 기름진 음식과 흰 빵을 먹고, 농민은 호밀로 만든 거친 흑빵을 먹었던 당시의 사회적 상황을 바탕으로 '먹거리와 식탁의 불평등을 표현한 말'이라고 한다. 마찬가지로 지역과 시대를 대표하는 음식 문화를 안다는 것은 그 나라를 이해하는 또 다른 방법이 될 수 있다. 그러니 튀니지 여행을 떠난다면 달콤하면서도 씁쓸한 올리브의 맛에 흠뻑 빠져보는 건 어떨까?

올리브 없이는 못 살아

튀니지를 비롯한 지중해 지역은 올리브로 시작해서 올리브로 끝난다. 모든 음식에 올리브 절임과 올리브유가 들어간 샐러드가 빠지지 않는다. 처음엔 이게 무슨 맛인가 했지만 먹으면 먹을수록 묘하게 끌린다. 고소하면서도 쌉쌀한 맛에 어른들의 '인이 박인다'는 소리가 무슨 말인지 알 것도 같다. 양고기와 닭고기에 곁들여 먹는 올리브는 우리의 김치나 깍두기 같다. 올리브유는 정확하게 말하면 과육에서 짜낸 즙인데, 맛이 썩 괜찮다. 올리브유와 와인식초 등을 넣어 만든 지중해식 샐러드는 입맛을 돋우는 좋은 음식이다. 여행하면서 음식에 대해 고민을 많이 하는 편인데 생각 외로 튀니지 음식이 입맛에 잘 맞다. 올리브 절임이 있어 음식의 느끼한 맛이나 어색함을 많이 상쇄하기 때문. 이탈리아 레스토랑에 가면 식전 빵에 올리브 기름을 찍어 먹는데, 튀니지에서도 같은 방식으로 먹는다. 그런데 빵에 찍어 먹는 올리브 기름의 신선함 차이가 빵 맛을 다

△ 시장의 올리브 절임

르게 한다면 과장일까? 그러나 실제로 맛의 차이가 확연하게 느껴진다.

프랑스 식민지였던 과거의 영향으로 튀니지에서는 모든 음식점에서 바게트가 기본으로 제공된다. 바게트의 새로운 발견이라고 해야 할까. 바게트의 고소한 맛이 이곳에서의 음식에 대한 걱정을 많이 덜어주었다. 어느 나라든지 주식으로 먹는 것은 맛이 강하지 않은 편인데 바게트 또한 씹으면 씹을수록 단맛이 우러난다. 우리의 주식인 쌀밥이나 인도의 난, 동부아프리카의 우갈리 등 주식으로 먹는 것들은 오래 먹어도 질리지 않는 것이 특징인데 튀니지에서 식사 때 많이 먹는 바게트나 화덕에서 굽는 전통 빵 또한 오래 먹어도 질리지 않는다. 너무 맛있어서 많이 먹는 것이 문제라면 문제랄까? 방금 화덕에서 구운 빵은 어머니가 방금 밥솥에서 퍼낸 밥처럼 맛있다. 반찬 한두 가지만 있어도 밥 한 그릇을 뚝딱 해치우는 것처럼, 뜨끈뜨끈한 빵도 고소하고 맛있어 올리브유에 찍어 먹으면 배가 불러도 자꾸만 손이 간다.

올리브는 수확한 후 4일 정도 물에 담가 쓰고 떫은맛을 제거한 후 레몬과 소금을 넣어 보름 정도 절인 후에 먹는다. 물론 오래 두고 먹을 올리브는 햇볕에 잘 말려두었다가 절여 먹는데 절임 방법은 같으나 올리브 종류에 따라 혹은 추가로 넣는 것에 따라 맛이 달라지기도 하고, 보관 기간에 따라 절이는 방법이 달라진다. 그래서 튀니지에서는 1년 내내 올리브 절임을 먹을 수가 있다. 튀니지의 재래시장과 대형 마트에서도 올리브 절임을 팔고 있다. 한국에 돌아와서 올리브 절임을 맛보려고 병에 든 것을 구입했는데 내 입이 기억하고 있는 맛과 달라서 적지 않게 실망했던 기억이 있다. 그래서 피자나 샐러드 등에 얹어 나오는 올리브가 그렇게 반가울 수 없다. 요즘 유행하는 브런치 식당에 가면 샐러드 바에 조그맣게 잘려 있는 올리브 절임이 나오는데 한 접시 가득 놓고 음식을 먹는다. 다른 사람들은 피클을 많이 가져오는데 올리브를 가져오는 나를 보고 다들 신기해한다.

"고소하니 맛있잖아요." 다들 이해하기 어려운 표정이다.

"니들이 올리브 맛을 알아?" 이렇게 한마디 하고서는 올리브와의 만남을 계속하는데 지금도 자꾸만 지중해의 올리브 절임이 생각나 큰일이다.

슬픈 역사의 항구도시 비제르트

비제르트^{Bizerte}는 빈자르트^{Binzarte}라고도 부르며 비제르트 주의 주도이자 튀니지 북부 지방의 가장 큰 도시이다. 튀니스에서 약 70km 정도 떨어져 있는 항구도시로 도시 안에 운하가 있어 특유의 운치가 있는 곳이다. 처음에는 페니키아의 군사 전초기지로 세워졌으며, 고대 카르타고와 로마 시대에는 '히포디아리투스' 또는 '히포자리투스'라고 불렸다. 661년에 이븐 알 하다이지가 정복하여 '비제르트' 라고 이름 붙였다. 1535~1572년에는 스페인에 점령당했으나 이후 스페인의 힘이 약해지면서 해적들의 본거지가 되었다. 1895년에 빈자르트호(湖)에서 지중해로 연결되는 1.5km의 운하가 건설되어 시디 아브달라(지금의 멘젤 부르기바)의 해군항과 무기고로 통하게 되었다. 성벽으로 둘러싸인 구시가지 메디나는 인공 운하가 개통된 후 매립된 자연 운하의 입구에 자리 잡고 있다.

루아지와 버스는 자르주나^{Zarzouna} 버스터미널에 도착한

˄ 구항구 지역에서는 오래된 메디나 성벽을 따라 걸을 수 있다.

▲ 어부가 그물을 손질하고 나서 동료들과 웃고 있다.

◇ 신들의 선물 올리브나무

다. 여기서 도시 안으로 들어가면 높이 솟아오른 탑과 철교가 보이는데 이곳의 다리는 도개교로 하루에 두 번씩 배가 지나다닐 수 있게 다리가 들린다. 하지만 도개교는 갑자기 2차로로 좁아지는 길 때문에 온종일 교통 체증을 빚는다. 밑으로 다니는 크고 작은 배들과 운하 옆의 제방 길에서 한가롭게 낚시를 즐기는 사람들이 눈에 보인다. 비제르트에서는 분주하지 않고 여유 있는 모습 덕에 평온하다는 느낌을 받는다. 머리 위에서 햇볕이 따갑게 내리쬐지만, 도시를 가로지르는 운하가 있어 시원한 편이다.

빈자르트 호수와 연결된 운하에는 작은 물고기들이 떼를 지어 헤엄치고 있다. 바다 가까운 곳에서는 언뜻 보기에 쥐치 같은 것도 보이고 이름 모를 작은 물고기들이 다니기도 한다. 이곳에서 장어를 잡아 한국으로 수출도 한단다. 바닷가 뒤쪽에는 작은 골목길들이 올망졸망 이어지는데, 하얀 벽과 파란색을 칠한 창살이 있는 집 사이로 골목이 거미줄처럼 얽혀 있다. 골목 사이에는 작은 아치 모양의 문들이 보이고 골목길을 나오면 비제르트의 재래시장이 보인다. 시장은 언제나 사람 냄새로 가득한데, 그만큼 많이 북적거려 튀니지의 자연스러운 모습들을 볼 수 있어 참 좋다.

시장에서는 다양한 과일과 채소를 팔고 있다. 오렌지와 석류, 포도 등 우리에게 익숙한 과일들이 보인다. 오렌지는 1kg에 우리 돈으로 1,000원 정도. 옆에는 돌배와 튀니지 특산인 대추야자, 석류를 팔고 있다. 인상 좋은 주인아저씨는 얼굴에 함박웃음을 달고 대추야자를 먹어보라며 낯선 외국인에게 말을 붙인다. 대추야자는 쫄깃하면서도 달짝지근한 맛이다. 여행 중에 먹으려고 제법 무게가 나가는 한 봉지를 구입했는데, 간식거리로 그만이다. 대추야자 열매는 중독성이 있어 한번 손이 가면 얼마 가지 않아 바닥이 드러난다. 가격은 3디나르, 시장이 확실히 저렴하다. 관광지에 가면 두세 배 가격은 기본으로 각오해야 한다. 다른 한쪽에는 향신료와 올리브를 파는 상점, 바깥쪽에는 생선 시장까지 촘촘히 모여 있다. 동양인이 낯선 듯 사람들의 시선이 느껴진다. 이곳을 여행한다면 시장에서 생선을 구입한 후 올드 포트에 있는 생선구이 집에서 숯불에 구워 먹는 것을 추천한다. 손질해 가져온 생선을 직접 구워 먹을 수 있고 그 값으로는 샐러드나 빵을 사 먹으면 되기 때문.

시장이란 공간은 언제나 이방인에 대한 경계가 적은 곳이다. 아마도 무엇인가를 사고판다는 정확한 목적이 있기 때문이 아닐까. 노점상에는 오렌지, 석류, 사과, 배, 그리고 청포도들이 줄지어 늘어서 있다. 여름철에는 그 자리에 수박과 멜론이 좌판을 차지한다. 시장은 치열한 동시에 다정다감하기도 하다. 튀니스의 재래시장인 수크보다는 훨씬 여유 있다. 아마도 관광객들을 상대하는 것과 동네 사람을 상대로 장사하는 것의 미묘한 차이가 아닐까 한다. 동네 장사라 악다구니할 것 없고, 상인이나 손님들이나 다들 서로 아는 처지라 분위기가 좋다. 시끌시끌하게 사람들을 끌어모으는 호객꾼들을 구경하다 커다란 석류 두 개를 2디나르 주고 샀다. 석류의 시원하면서도 단맛이 더운 날씨의 갈증을 해결해준다. 과일을 많이 먹으니 상대적으로 물을 적게 마시게 되어 물값은 조금 절약되었지만, 오히려 과일값이 많이 들어 결국에는 비등비등하다. 비제르트의 특산품은 철제 주물 가구이다. 시내 곳곳에 가구 가게들이 보인다. 유럽풍의 세련된 가구들과 아랍풍의 가구들이 흥미롭다.

여유 있는 삶의 분위기가 가득한 곳, 구항구

오래된 메디나^{Medina} 성채를 따라 항구 옆길을 걸어가면 곳곳에서 낚시를 하는 사람들이 보인다. 중간에 있는 주인 없는 벤치도 한가롭게 보인다. 항구의 끝에 다가가면 작은 아치문이 있고 더 걸어가다 보면 항구를 가로지르는 다리가 나오는데 그 다리에서는 한없이 평화로운 풍경이 펼쳐진다. 오래된 도시의 반대편에는 최근에 지어진 건물들이 눈에 띈다. 'Fort De la Medina'라 쓰여 있는 작은 표시가 있는 성채 끝으로 항구는 계속 이어진다. 비제르트의 메디나 성채는 다른 곳에 비하면 작고 평범하다고 할 수 있지만, 옛 선착장과 항구, 도시 안에 있는 백색의 건물들과 스페인 시절 만들어진 성곽이 청색과 붉은색, 흰색으로 칠해진 성채의 모습과 어우러져 매우 한가롭고 여유로운 분위기다. 주변 전

▲ ▼ 구항구 지역의 평화로운 전경

99

경을 보려면 스페인 요새Fort Espagnol로 올라가야 하는데 이곳은 다양한 보트의 모습이 잘 어우러진 곳이다. 언어는 잘 통하지 않지만, 여유 있는 삶의 분위기는 이곳을 방문하는 여행객에게까지 여유로움과 넉넉함을 안겨준다. 구항구 지역은 비제르트 시민들이 나들이를 나오는 곳이라 이곳저곳에서 청바지를 입고 옷맵시를 뽐내는 튀니지 여성들을 쉽게 찾아볼 수 있다. 자유와 젊음을 상징하는 청바지를 입는 것이 여성들에게는 자유와 인권을 상징한다는 글을 읽은 적이 있다. 일부 아랍 원리주의자들은 여자가 바지를 입으면 율법을 어긴 것이라 생각하고 태형 등의 처벌을 하고, 아프리카 케냐, 탄자니아 같은 경우는 바지를 입은 여성을 창녀라고 생각했다고 하니 이러한 나라들에 비하면 튀니지가 무척이나 자유로운 곳이라는 생각이 든다. 그리고 비제르트에는 튀니지의 열성 K-pop 팬들이 매우 많다. 수도인 튀니스가 제일 많고 그다음이 바로 비제트르이다. 한국문화에 열광하는 이들은 유튜브를 통해 한국가요를 접하며 한국 소녀 팬들의 모습을 그대로 따라 한다. 이들은 한국 K-pop의 팬이라는 이유로 한국산 스마트폰을 구입하기도 하고 한국물건에 대해 많은 애정을 나타내기도 한다.

역사의 아픔이 숨 쉬고 있는 곳, 비제르트

비제르트는 15세기 이후 스페인의 안달루시아 유민들이 기독교 세력에 밀려 이곳에 정착하면서 도시 번영의 최고점을 찍었다. 1861년 프랑스 점령기에는 지중해, 북아프리카 지역의 주요한 프랑스 해군기지가 되었고, 제1·2차 세계대전 중에는 이곳을 중심으로 치열한 전투가 벌어지기도 했다. 제2차 대전 당시 유명한 독일의 롬멜 장군도 이곳을 전략적 중심지로 생각했고, 지리적 중요성 때문에 튀니지가 독립한 뒤에도 프랑스군이 이곳에 주둔했다가 1963년 비로소 튀니지에 반환되었다.

세계대전 종식 후 1954년, 나중에 초대 대통령이 되는 튀니지의 하비브 부르기바가 피에르 맹데스 프랑스 총리와 협상을 시작했고, 이듬해 4월 그는 에드가 포레 총리와의 협상 과정에서 외교·국방을 제외한 자치권의 획득을 성공시켰다. 1956년 3월 20일 기 몰레 내각은 튀니지의 독립을 공식 승인했으며 이듬해에 비제르트를 제외한 튀니지 전역에서 군대를 철수시킨다는 협정 원칙이 합의되었다. 1961년 하비브 부르기바 대통령은 1956년의 협정에 따라 비제르트의 프랑스 육해군 기지 철군이 관철되지 않자 군사 공격을 명령했고, 2년에 걸쳐 양측이 천여 명의 인명 손상을 입은 끝에 프랑스군이 철군하였다. 제국주의의 한 단면을 있는 그대로 볼 수 있는 역사를 가지고 있는데도 불구하고 튀니지의 많은 사람들이 아직도 프랑스를 동경하면서 살고 있으니 역사의 아이러니라 할 수밖에 없다.

☾* Travel tip

철새의 낙원 이츠쿨 국립공원

비제르트에서 튀니지의 유일한 자연보호구역인 이츠쿨 국립공원Ichkeul National Park으로 가는 해안도로가 있다. 해안도로 양쪽으로 짙푸른 지중해와 야생화가 오밀조밀 피어 있는 작은 언덕들이 이어져 있다. 이츠쿨 국립공원은 북아프리카 최대의 습지대로 126㎢의 면적으로 1980년 람사협약(국제습지조약)에 의해 세계문화유산으로 지정되었으며 동시에 유네스코의 세계유산 목록 가운데 공원·호수·습지대로 등록되었다. 북아프리카의 지중해 연안에 위치하며 미개척의 자연환경을 유지한 북아프리카 유일의 습지대라 많은 조류들이 이곳을 찾아온다. 1240년 이후 하프시드 왕가의 사냥터여서 외부의 발길이 없었고 1891년 정부로 소유권이 넘어오면서 개발이 제한된 상태라 지금까지 유지되었다고 한다. 이곳은 무려 200종에 이르는 조류가 서식하고 있으며, 연간 25만 마리나 되는 철새가 날아오는 야생 조류의 낙원이다. 그러나 이츠쿨호의 염도가 이곳의 생태계를 파괴할 정도로 높아져 철새들에게 중요한 중간 휴식처로써의 가치를 고려해 1996년 유네스코에 의하여 위기에 처한 세계문화유산 목록에 등재되었다.

북아프리카의 알프스
아인 드람

비제르트를 떠나 남서쪽으로 한참 달리다 보면, 창밖의 풍경이 다른 모습으로 점점 변해간다. 튀니지의 곡창지대라는 드넓은 밀밭이 노란색으로 물결친다. 이곳은 일찍이 로마의 곡창지대로 불렸던 비옥한 지역이었고, 튀니지를 점령했던 프랑스는 비제르트와 함께 이 지역을 끝까지 반환하지 않았다. 그만큼 노른자위 같은, 알짜 땅이었던 것이다. 지평선이 보이는 탁 트인 들판과 산자락은 이곳을 여행하는 여행자의 마음을 시원하게 해주는 그 무엇이 있어 지금도 한 번씩 생각이 난다.

도로에는 차뿐만 아니라 나귀를 탄 아저씨가 한가롭게 지나간다. 외부인의 시선으로는 한없이 느긋하고 여유로운 모습인데, 비옥한 땅 덕택에 이곳 사람들은 마음 또한 넉넉한 것 같다. 길 가는 사람에게 환하게 웃어줄 수 있는 여유가 부럽기만 하다. 나귀를 탄 아저씨는 동양의 이방인에게 어디서 왔는지, 어디로 가는지를 물어보며 호기심과 관심을 내비친다. 동네 아저씨처럼 편안하고 수더분한 모습이 친근하면서도 주변에 사람이 없어 외로울 수도 있겠다는 생각이 든다. 마치 우리네 아버지들처럼 말이다.

사하라 사막이 광활하게 자리하고 그 위로 아틀라스 산맥이 있으며 사하라 아

˄ 울창한 숲 속에 위치하고 있는 산골도시 아인 드람

˂ 아인 드람 곳곳에서
볼 수 있는 침엽수

틀라스 산맥, 크루미리에 산맥이 고산지대를 이룬다. 아틀라스 산맥의 최고봉인 투브갈 산의 북쪽으로는 경사가 험한 것으로 알려져 있다. 그리스 신화에서 거인신족인 아틀라스는 프로메테우스와 에피메테우스의 형제인 티탄신족이었다. 이들이 제우스에게 패한 후 천계를 어지럽혔다는 죄로 천공(天空)을 떠받치는 벌을 받게 되었다. 이후 페르세우스가 퇴치해 가지고 가던 괴물 메두사를 보고 아틀라스는 놀라 돌로 변하고 말았는데 이렇게 생긴 것이 아틀라스 산맥이다. 아틀라스의 바다라는 뜻을 지니고 있기도 한 대서양Atlantic Ocean의 어원이 되기도 했다.

멋진 밀밭 풍경이 잦아지면서 이전에 보지 못했던 키 큰 나무들이 보이기 시작한다. 이윽고, 험준한 산길을 지나 도착한 곳이 아틀라스 산맥 한가운데의 산골 도시 아인 드람Ain Draham이다. 사막기후부터 강원도 같은 기후의 다양성이 튀니지를 흥미롭게 만든다. 산골 마을 아인 드람은 마치 유럽의 산악 마을 같은 곳이다. 산 아래를 굽어보고 있자니, 알프스에 온 느낌이다. 튀니지는 한반도보다 작은 땅임에도 불구하고 다양한 자연 지형과 기후대를 지녔다. 이것이 튀니지의 풍광이 지닌 매력 중 하나이다.

대부분 튀니지 도시는 로마나 카르타고 당시에 건설된 도시들로, 해안을 중심으로 건설되어 있어 내륙도시를 제외하고는 조금만 차를 타고 이동하면 짙푸른 지중해를 어디서나 볼 수 있다. 반대로 아인 드람은 크루미리에 산맥 근처의 고산 지역으로 참나무와 소나무가 무성하다. 지중해의 습기 먹은 바람이 산을 만나 비가 많이 내린다. 겨울의 추위는 강원도 같이 매서우며, 눈이 많이 내릴 때는 약 1m 정도까지도 쌓인다. 도시인 르 케프Le kef는 튀니지에서 눈이 오는 몇 안 되는 지역 중 하나다.

아인 드람을 유명하게 만든 또 하나는 참나무와 소나무의 푸른 숲과 이곳만의 독특한 빨간색 타일 지붕이 만드는 색다른 풍경이다. 해발 1,000m 고지에 위치한 아인 드람은 프랑스의 식민지 지배 시절 프랑스 식민 통치자들을 위한 휴양지로 조성된 마을로 프랑스인들은 자신들의 고향인 프랑스 본토를 생각하며 고향과 가장 비슷한 환경의 휴양지를 만들었다. 케냐 나이로비(해발 1,600m),

남아공 요하네스버그(해발 1,900m), 짐바브웨 하라레(해발 1,483m) 등과 마찬가지로 상대적으로 쾌적하고 시원한 고지대에 휴양지를 만들었다. 아인 드람 지역은 튀니지에서도 가장 물이 많은 지역으로 연평균 강수량이 1,500mm에 달하는 등 튀니지 최대의 산림 지역으로써 최적의 조건을 갖추고 있다.

아인 드람에서 유럽의 알프스 산을 느끼다

불과 한두 시간 전에는 타바르카의 바닷가를 지나 평원 지대가 펼쳐지더니 갑자기 하늘이 낮아지면서 숲이 울창해진다. 아인 드람은 튀니지의 허파와 같은 곳으로 푸른 들판과 사막이 공존하는 이 나라에 푸른 숲까지 있는 것이 무척이나 신기하다. 우리의 지리산 중턱과 같은 높이라 연중 상쾌한 기후가 특징이다. 참나무 숲과 소나무 숲이 있어 시원한 기운이 가득해 이곳에 오면 더운 기운이 싹 가신다. 많은 튀니지인들이 이곳으로 피서를 온다고 한다. 이들은 아인 드람에 있는 집을 렌털하고 가족들과 함께 참나무 숲을 산책하면서 한가로이 휴가를 보낸다. 더운 날이면 시원한 바다를 찾는 사람도 있지만, 산으로 와서 쉬는 사람도 많은 것이다.

아인 드람에는 튀니지안 블루와는 전혀 다른 붉은색을 띤 건물이 많다. 모로코의 오커 레드와는 느낌이 다른 붉은색을 가진 동네가 바로 아인 드람이다. 이곳은 산악 지대라 번잡함이 없고 모든 것이 자연 친화적이다. 아인 드람의 붉은색은 녹색의 숲과 대비되어 더 눈에 잘 띄는데, 주택의 지붕들은 모두 붉은 기와와 타일로 장식되어 있다. 빨간색 타일은 원래 로마 시대의 건축 자재인데, 로마의 보호령과 속주에서는 사용되지 않았다가 이후 16세기 스페인 안달루시아의 무어인들에 의해 튀니지에 다시 소개된 것으로 추정된다. 스위스의 장대한 산맥이 아닌 그 곁으로 흐르는 작은 산맥들에 더욱 정감이 간다.

아인 드람은 참나무 껍질인 코르크를 말려 만든 장식 소품과 바구니, 나무 그릇과 목각 장식품 등이 특산품이다. 이곳 사람들은 신의 선물이라 불리는 산에서

▲ 목공예품과 코르크를 말려 만든 장식 소품을 파는 가게

◇ 신들의 선물 올리브나무

만족하며 살고 있는 것 같다. 이곳 남자들 역시 우리나라 남자들처럼 축구에 열광한다. 카페에 앉아서 차를 마시던 남자들이 내가 한국에서 왔다는 이야기를 듣고 손흥민과 박지성을 이야기 한다. 남자들과는 축구 이야기로 금방 친해진다. 이들은 카페에 모여 다 같이 축구를 보는 것이 유일한 삶의 낙이라 한다. 그렇게 한참 축구 이야기를 한 뒤 다시 거리로 발을 옮긴다. 길을 걷다 보니 익숙한 음악이 들려온다. 가까이 가보니 카페에서 한국 걸그룹의 노래가 들려온다. 이런 조그만 동네에서도 한국의 가요를 들을 수 있다는 사실에 너무나 놀랐다. 한국에서 왔다고 하니 K-pop을 좋아한다는 여학생들이 관심을 가지고 다가온다. 자신들이 알고 있는 한국어 몇 마디로 인사를 건넨다. 인근 당구장에는 학교를 탈출해 시간을 때우고있는 남학생들이 있는데, 지구 반대편의 우리와 크게 다르지 않은 삶의 모습이 재미있다.

인근에 있는 함맘 온천에는 엘 모라디 함맘 부르기바 호텔 아인 드람El Mouradi Hammam Bourguiba Hotel Ain Draham이라는 호텔이 있다. 아인 드람에서 약 16km 정도 떨어져 있어 자동차로 약 삼십여 분 가면 있는 곳으로 식민지 시대부터 스파로 유명한 곳이다.

붉은색과 검정색의 조화, 베니 메티르

베니 메티르Beni Metir는 아인 드람에서 젠두바로 가는 길에 있는 작은 마을이다. 안달루시아 스타일로 표현된 마을은 붉은색과 검은색을 띤다. 마을 입구로 들어가는 길에 개와 같이 길을 가는 아주머니를 보았다. 개는 인간의 가장 좋은 친구라고 했던가. 양을 몰고 가는 사람들만 보다가 개와 함께 길을 가는 모습이 유독 정겨워 보인다.

붉은 색채의 동네에서는 스페인의 느낌이 물씬 난다. 이 마을에서 커피 한 잔을 마신다. 커피를 내리는 무뚝뚝한 아저씨도 붉은 옷을 입고 있다. 영어의 뒤집어진 Z자를 연상하는 문들의 장식이 독특하고, 붉은색과 검정색이 마치 몬드

리안의 추상화를 보는 것 같다. 영화 「쾌걸 조로」속 조로가 살았던 동네일까? 문의 문양이 독특하다. 흰 벽과 붉은 문을 가진 가게 앞으로 파란 청바지를 입은 사람이 무심하게 걸어간다. 바랜 붉은색과 검정색 그리고 주변 녹색의 대비가 마치 색채의 대비를 생각이라도 한 듯이 보인다. 이런 현란한 색채의 대비는 세계적으로 유명한 화가들의 화풍이 이곳에서 생성되었을 거라 오해하기 딱 좋을 만큼이나 아름답다. 이 마을의 예술적 특성은 튀니지라는 나라의 다양성에 대해 다시 한번 생각하게 만든다. 막상 튀니지를 여행할 때면 딱히 그런 느낌이 들지 않는데 한국에 돌아와 이곳에서 찍은 사진들을 보며 기억을 되집어보면 '아 이곳이 이렇게나 좋았구나.' 하는 생각이 든다. 본래 인간이란 강렬한 기억을 더 선명하게 간직하는 법이라던데 이렇게 우리의 뇌리 속에 자리 잡고 있는 기억은 또 다른 기억을 생산하는 역할도 하는 것 같다.

이곳에는 오래된 집들과 아직 건축 중인 집들이 많다. 튀니지인들은 집을 한 번에 짓지 않고 돈이 생길 때마다 집을 짓기 때문. 일부 집들은 색도 칠하지 않았다. 몇몇 색을 칠한 집도 보이는데 새로 칠한 집들은 이 마을에서 느낀 원래의 느낌과는 사뭇 다른 것 같다. 커피 한 잔을 마시면서 잠시 쉬어간 마을, 밖에서 아이들의 웃음소리가 들린다. 아이들이 학교를 끝내고 집으로 가나 보다. 집 가는 길에 잠시 모여 게임을 하며 노는 아이들의 모습은 어느 나라나 비슷하다.

베니 메티르로 이동 중 난감했던 것이 바로 교통편이다. 대중 교통수단이 잘 들어가지 않는 너무 작은 마을은 되도록이면 들어가지 않는 것이 좋다. 그 이후 이동이 난감해지기 때문. 그러니 루아지가 들어가는 중소 도시 이상으로 이동하는 것이 좋다. 베니 메티르는 루아지도 잘 들어가지 않는 작은 마을로 들어갔다가 나올 때 고생을 꽤나 했다. 관광객 기준 가격으로 10디나르를 주면 아인 드람에서 택시로 이동 가능하고 마을에 딱 한 대 있는 루아지를 이용해 인근 도시인 젠두바로 가려면 루아지를 전세 내거나 동행할 사람이 올 때까지 기다려야 한다.

▲ 붉은 지붕이 인상적인 아인 드람의 한 건물

석양이 아름다운 유적지
두가

튀니스에서 남서쪽으로 105km 떨어져 있는 두가^{Dougga}는 로마 시대 유적지로 남부의 스페이틀라 유적과 함께 가장 크고 잘 보존된 로마 유적지로 손꼽히는 곳이다. 두가로 가는 길에는 갈수록 높은 언덕 지대가 펼쳐져 있는데 저 아득하게 보이는 지대는 이곳이 튀니지에서 가장 풍요로운 지역이라고 말해주는 것 같다.

두가로 가려면 테베르수크^{Tebersouk} 혹은 누벨 두가^{Nouvelle Dougga}에서 이동 가능하다. 테베르수크에서 루아지 혹은 택시를 타고 두가까지 이동한다면 왕복 15~20디나르가 소요된다. 도시 이름을 따라 시장이 있는 이곳은 내륙 이슬람의 보수적인 성향을 보인다. 남자들은 노천 카페와 나무 그늘 밑에서 한가롭게 시간을 보내고 있고 길가에는 할머니 몇 분만 보인다. 두가로 가기 위해서는 보통 택시나 루아지를 전세 내 관광객이 같이 움직인다.

두가는 로마인들이 언덕 위에 세운 도시로, 주변의 비옥

⌃ 원형 극장 전경. 매년 칠팔월에 이곳에서 두가 페스티벌이 열린다.

113

▲ 주위에는 감자와 밀을 재배하고 있다.

◇ 신들의 선물 올리브나무

한 땅에서는 올리브와 밀이 자라고 있다. 튀니지 북부 지방은 울창한 삼림과 비옥한 땅에 여러 농산물을 경작하고 있어 튀니지 안에서도 살기 좋은 지역 중의 하나로 꼽히는 곳이다. '세계에서 가장 높은 곳에 위치한 로마 유적지'라는 타이틀을 가지고 있는 두가의 역사는 2000여 년 세월의 깊이만큼이나 파란만장하다. 1997년에 유네스코 세계문화유산에 등재된 이곳은 초기부터 요새화된 베르베르계의 마을이었던 곳으로 카르타고 영토 한가운데 위치한 군사 요충지가 되었으며, 제2차 포에니 전쟁 말기에는 마시니사 왕의 누미디아 왕국 일부 지역이 되었다. 카이사르의 로마군이 들어오면서 투가에서 두가로 이름이 바뀌어 행정 중심지가 되었다. 그리고 중세 반달족의 침입으로 황폐화되어 유적지로 남게 되었다.

두가가 발전한 이유는 테베르수크 산맥의 가장자리에 자리한 튀니지의 비옥한 곡창지대인 우에드 칼레드 Oued Kalledd를 배후로 두고 있어 식량 걱정 없이 살기 좋은 곳이었기 때문이다. 또한 언덕 지형이라 사방의 모든 적이 보여 방어가 유리하고, 상대적으로 높은 고지대(550m)여서 다른 내륙지역보다는 쾌적하다. 역사에 만약이란 건 없는 법이지만 두가가 반달족의 침입 없이 지금까지 유지되었다면 어땠을까 하는 생각을 해본다. 아마도 모로코의 페스Fez같이 북아프리카 최고의 역사 도시로 많은 관광객들이 고대의 삶을 체험하고 즐길 수 있는 곳이 되지 않았을까?

유목민의 땅, 두가

'목초지'란 뜻을 지닌 두가는 본래는 유목민의 땅이었다. 이름 그대로 양과 염소들이 풀을 뜯는 곳이다. 로마의 도시였다가 비잔틴의 도시가 되고 그리고 이제는 양과 염소들이 방목되는 유적지가 되었다. 역사는 언제나 순환된다는 이야기가 맞는 것 같다. 하지만 두가의 언덕에서는 시간이 그대로 고여 있다.

입구 주차장에서 내려 루아지 기사에게 시간 약속을 하고 돌려보낸다. 튀니스에서 3시간 정도 달려와야 하는 거리라 관광객도 많지 않다. 그러나 이 덕분에 유적지를 고즈넉하게 둘러보기 좋은 곳이기도 하다. 유적지만 덩그러니 있다 보니 따가운 햇빛을 피할 만한 곳이 없어 나무 그늘과 유적지의 그늘에서 쉬어야 한다는 불편함이 있지만 오후 느지막이 방문하면 아름다운 석양이 지는 광경을 보는 행운을 누릴 수 있다. 안으로 들어서면 유네스코 지정 표지석과 원형극장을 만날 수 있다. 188년에 건설된 원형극장은 군데군데가 훼손되어 복원 작업이 진행 중이다. 3천 5백여 명을 수용할 수 있는 규모의 극장으로 건축 당시 두가의 인구는 5천 명 정도였다. 매년 칠팔월이 되면 두가 페스티벌이 이 극장에서 열린다.

특이한 점은 원형극장 옆의 조각상에 머리가 없다는 것이다. 조각상의 두상과 팔 부분이 약한 이유도 있지만 전쟁의 전리품으로 유물을 가져갈 때 조각상은 무게 때문에 유명한 작품이 아니고는 머리 부분만 잘라서 본국으로 가지고 갔기 때문이다. 죽은 사람의 숫자를 세기 위해 코나 귀를 베어 증거로 삼은 것처럼 말이다. 그래서 많은 조각상의 두상이 프랑스나 영국의 박물관으로 옮겨져 전시되고 있다. 이집트의 유명한 스핑크스는 영국인들이 코를 떼어가지 않았는가?

▼ 원형극장 내부에는 시간이 고스란히 멈춰 있다.

두가의 푸른 하늘과 근사하게 어울리는 유피테르 신전

두가에는 12개의 크고 작은 신전이 있다. 그중에서 가장 유명한 것은 166년에 언덕 꼭대기에 건설된 유피테르 신전으로 짙푸른 하늘과 어울리는 멋진 건물이다. 극장을 지나 로마로를 따라 걸으면 유피테르 신전을 중심으로 12개 바람의 이름이 새겨진 바람의 광장 Square of the Winds 과 다른 유적들이 펼쳐진다. 이 신전은 튀니지의 예전 10디나르 지폐에도 나올 정도로 튀니지를 대표하는 유적이라 할 수 있다. 실용적인 것을 중시하는 로마인다운 완벽한 기하학적 비율을 가진 신전으로 신전 상단에는 안토니우스 피우스 Antonius Pius 황제를 묘사하는 조각이 있었다고 하며, 신전 내부에는 거대한 주피터 신상이 있었는데 지금은 튀니스 바르도 박물관에 옮겨져서 전시되고 있다. 근처에 있는 디오니소스와 율리시즈의 집은 한때 화려한 주거지였던 곳이다. 율리시즈가 사이렌에게 매혹되는 장면을 그린 모자이크가 발견된 곳이기도 한데 그 모자이크는 현재 바르도 박물관에 전시되어 있다.

튀니지인들은 신전을 만들면서 건물이 지진에 무너지지 않게 기초 역할을 하는 돌을 땅속에 박아놓았다. 요즘에는 흔히 볼 수 있는 토목건축 기술이 로마 때부터 유래된 셈인데 집터를 살펴보면 가운데에 널따란 중정을 만든 것도 볼 수 있다. 군데군데 남아 있는 바닥의 모자이크 타일 덕에 당시 귀족 계급이 살았으리라 추측되는 호화로운 집이다. 위로 올라갈수록 고급 주택지가 나타나는데 사방이 확트여 있어 이곳이 천혜의 요새임을 알 수 있다. 아치 구조로 지어진 욕탕 기둥(기둥 위에 아치를 직접 올리는 것)들은 로마가 최초로 발명한 건축양식이다.

신전이 제일 잘 보이는 곳에서 사진을 찍는다. 신전 앞에 나 있는 도로를 따라가면 공공건물의 잔해가 있다. 이탈리아 폼페이 유적과 비슷한 도시 구조임을 알 수 있는데, 하수도 홈이 파져 있는 바닥 구조와 리시니안 목욕탕^{Licinian Baths}, 아인도라 목욕탕^{Bath of Ain Doura}, 사이클롭스 배스^{Cyclops Baths}의 공중화장실을 보면 2000년 전의 모습을 상상할 수 있다. 그 밑으로는 올리브나무 옆으로 스무 마리 남짓 되는 양떼를 몰고 가는 목동이 보인다. 유적지에는 두 개의 개선문이 있는데 하나는 서쪽에 있는 알렉산더 세베루스^{Alexander Severus} 개선문이며 동쪽의 다른 하나는 20년이나 앞서 만들어진 리비아 출신 로마 황제 셉티미우스 세베루스^{Septimius Severus}의 개선문이다. 두가가 로마 속주의 자치도시인 무니키피움이 된 205년에 세워졌다.

아래로 내려가면 누미디아의 무덤인 푸니크 리비안 마우솔레움^{Punic Libyan Mausoleum}이 보인다. 기원전 2세기 이곳을 통치했던 누미디아 왕국의 마시니사^{Masinissa} 왕의 영묘로 높이 21m의 3층 석탑 구조라 멀리서도 잘 보인다. 마시니사는 제2차 포에니 전쟁에서 로마의 스키피오 장군에 협조하여 한니발과 대항하여 싸웠으며, 전쟁의 승부를 결정했던 자마 전투에서 혁혁한 공을 세운 대가로 스키피오에게 이 지역을 하사받아 누미디아 왕국의 전성기를 누리게 된다. 두가는 카르타고를 견제할 수 있는 북아프리카의 전략적 요충지였으며 세력 균형을 이루는 완충 역할을 했던 곳이었다.

누미디아의 무덤인
푸니크 리비안 마우솔레움

◁ 리시니안 목욕탕 내부

이슬람의 성지 카이로우안

카이로우안^{Kairouan}으로 가는 길은 모래 먼지가 날리는 한가한 풍경이다. 가끔은 관광버스와 루아지가 보이기도 한다. 왕복 2차선인 도로는 단조롭고 주변으로 올리브 농장, 밭, 황무지, 양 떼, 그리고 붉은 흙벽돌로 지은 단층 주택들이 보인다. 부지런히 움직이는 농부들의 몸짓에서 이곳이 척박한 삶의 터전임을 알 수 있다. 일정한 간격으로 줄 맞춰 심어져 있는 올리브나무들이 '올리브의 나라'라는 명성을 상징하는 듯하다.

수업이 끝나 집으로 돌아가는 학생들이 차를 타고 가는 사람들에게 손을 흔든다. 우리의 농촌 풍경과 별반 다르지 않다. 그저 배경과 출연자들이 좀 다를 뿐. 농기계와 당나귀가 끄는 달구지, 양과 염소 떼, 가끔 보이는 낙타가 눈길을 끈다. 이곳에서는 움직이는 모든 것이 도로를 나누어 쓰는데 그 누구도 불평하지 않는다. 그저 '알라의 뜻'인 '인샬라'일 뿐이다.

▲ 그레이트 모스크의 화려한 내부

▲ 그랑 모스크 전경

122　　　　　　　　　　　　　　　◆ 신들의 선물 올리브나무

이슬람의 도시, 카이로우안

무슬림들에게 카이로우안은 대단히 중요한 곳이다. 수니파가 대다수인 튀니지의 전통과 신앙을 지키는 곳으로, 메카[Mecca], 메디나[Medina], 예루살렘[Jerusalem]에 이은 이슬람 제4대 성지이자 튀니지 제1의 성지로 그랑 모스크를 포함해 무려 125개의 모스크가 있는 북아프리카 최대의 이슬람 성지다. 그렇기에 카이로우안에는 순례자들이 끊이지 않는다. 어떤 이들은 이곳이 이슬람의 7대 성지 중의 하나라고도 말한다. 그만큼 카이로우안이 튀니지 및 이슬람의 세계에서 중요한 위치를 차지하는 것이다.

카이로우안은 밥 알리와 버스터미널에서 갈 수 있는데, 2시간 30분 정도의 시간이 소요되며 밥 알리와뿐만 아니라 인근 몽세프 베이에서 루아지가 출발하기도 한다.

건강한 무슬림이라면 생애 한 번은 하지 순례를 위해 메카에 다녀와야 하는데, 카이로우안의 사원을 7번(혹자는 4번) 방문하면 메카에 한 번 다녀온 것과 같다고 여긴다. 다른 중요한 성지에도 비슷한 말이 있다. 성지를 여러 번 다녀오면 메카에 다녀온 효과가 있다는 말은 메카까지 가기 어려운 신도들을 배려하는 것이다. 물론 100% 검증된 이야기는 아니지만 그만큼 중요하고 의미 있는 곳이란 뜻이다.

그랑 모스크라 불리는 시디 오크바 모스크는 북아프리카에서 가장 오래된 모스크인데, '시디 오크바'는 사우디 아라비아의 건축가이자 장군이다. '카이로우안'과 이집트 카이로, 이름이 비슷하다. 두 곳 다 '군사주둔지' 혹은 '군사기지'라는 의미를 가지고 있는데, 이를 통해 우리는 카이로우안이 군사기지로 시작된 것을 알 수 있다.

카이로우안은 7세기 후반에 북아프리카 최초로 세워진 이슬람의 도시로 '3백 개의 사원이 있는 도시'라는 별칭을 갖고 있다. 비르 바로우타 우물의 전설 등을 보면 이슬람 세력이 도시 건설에 많은 공을 들였다고 한다. 시디 오크바[Sidi Okba] 모스크는 9세기 초에 건설되었고 카이로우안은 10세기 초 파티마 왕조에 의해 멸망하였다가 13세기에 다시 재건되었다. 모스크에는 물과 음식뿐만 아니라 쉴 공간이 있었으며, 사하라를 가로지르는 수많은 카라반들이 쉬어가는 곳으로 특히 9~11세기 무렵에 번성하였다. '교육기관'이라는 뜻의 '마드라사'로 불렸던 카이로우안 대학은 이슬람 문화, 종교, 그리고 과학의 중심지 역할을 하였다. 카이로우안은 이슬람과 학문의 중심이 되는 역할을 하였으나, 11세기 중엽 이후 그 중심이 튀니스의 지투나 사원으로 옮겨졌다.

모스크의 안에는 돗자리가 깔려 있다. 거대한 모스크의 바닥이 수많은 돗자리로 이어져 오랜 시간을 지켜왔다. 한쪽 구석에는 홀로 코란을 읽고 있는 노인이 있다. 고요한 분위기 속에서 신과 만나는 모습이 한없이 평화로워 보인다. 바쁘게 살아가는 도시인은 결코 느낄 수 없는 평화로움이다. 나는 얼마나 자주 신과 대화를 나누었으며 성찰하는 시간을 가졌는가. 그것이 까마득한 기억 속의 일이었음을 깨닫는 데는 오랜 시간이 걸리지 않는다.

모스크 안의 풍경 중에 눈길을 끄는 것은 천장의 샹들리에이다. 베네치아의 유명한 유리 장인이 만든 것을 수입해 온 것이다. 베네치아산 샹들리에를 수백 년 전에 이곳까지 가져왔다는 사실이 놀랍고, 화려했던 유럽의 문물이 아직도 숨 쉬고 있는 것이 새삼 경이롭다. 이슬람과 기독교가 서로 목숨을 걸고 싸우던 시절의 이면에서는 유럽의 물건이 이슬람으로 넘어오고 카펫, 향신료 같은 이슬람의 물건이 유럽으로 건너가 명품으로 대접받는 역사적 교류를 느낄 수 있다.

모스크 안으로 들어간다. 400여 개의 대리석 기둥이 모스크를 떠받치고 있는데 기둥 상단 모양이 제각각이다. 기둥을 가져온 곳이 모두 다르기 때문. 높이가 5m에 이르는 기둥은 로마, 비잔틴, 아랍 시대에 각각 대리석으로 만들어졌고 목각은 9세기에 만들어진 것이다. 기둥 옆면에 양각 십자가가 보인다. 초기 기독교의 유적에서 가져온 것이다. 기둥 안쪽에는 둥근 말발굽 모양의 아치가 있는데 이는 스페인의 안달루시아 스타일이다. 이 스타일은 이곳뿐만 아니라 시디 부 사이드의 '카페 데 나트'까지 광범위하게 영향을 끼쳤다. 코르도바 메스키타(스페인 코르도바에 있는 이슬람 사원, 메스키타는 스페인어로 모스크라는 뜻)에서 볼 수 있는 이중 아치와 매우 흡사하다.

▼
그레이트 모스크의
아치형 기둥

▲ 기도하는 노인

총독이 살았던 집으로 현재는 카펫가게로 사용된다(메종 뒤 구베르뇌). ▲

▲ 모스크 마당에서 시간을 알려주는 해시계

▼ 아글라브 저수조

모스크 마당에는 기도 시간을 알려주는 해시계가 있다. 당시 최고 수준이었던 이슬람의 천문과 수학을 직접 눈으로 볼 수 있는 기회이다. 아랍어로 쓰인 돌판 위에 4개의 작은 쇠막대가 시간을 나타낸다. 해의 움직임을 나타내는 선이 있어 이것으로 시간을 측정한다. 우리의 해시계와는 다른 모양인데, 1년 내내 건조한 기후 탓에 이러한 해시계가 유용하게 사용되었다.

모스크 한가운데에서 주변을 보면 사방에 둘러진 건물들과 높은 첨탑이 보인다. 모스크 널따란 마당 아래, 바로 발밑에 거대한 저수조가 있다. 마당 한쪽에는 물을 길어 올리는 곳이 있고, 마당은 약간 가운데로 경사져 물을 한 곳으로 모은다. 물이 모이는 곳에는 홈이 파여 있어 흙이나 모래를 막는 필터 기능을 한다. 물이 귀한 환경을 이겨내는 지혜가 엿보인다. 여기에 저장된 물은 모스크에 와서 알라에게 예배를 드리는 사람들이 그들의 몸을 청결하게 하도록 도와주고, 오랜 여행으로 지친 사람들의 목을 적셔준 귀중한 존재였다.

모스크는 오후 2시까지는 일반인의 입장이 허용되나 그 이후에는 무슬림이 아니면 들어갈 수 없다. 128개의 계단으로 35m에 이르는 첨탑은 외부 공격을 감시하는 감시탑으로 사용되기도 했다.

아글라브 저수조

물이 귀한 카이로우안에는 9세기경에 세워진 거대한 아글라브 저수조 Les Bassins des Aghlabides 가 있다. '아그라비드의 연못'으로도 불리는데 35km 정도 떨어진 산에서부터 수로를 건설해 물을 끌어왔다. 카이로우안 곳곳에 크고 작은 50여 개의 저수조가 남아 있는데 그중 아글라브 저수조에는 규모와 보존 상태가 좋은 저수조 2개가 남아 있다. 저수조가 있다는 것은 카이로우안이 전략적, 정치적으로 중요한 곳이었다는 것을 이야기해준다. 사람들은 호수나 강이 없는 이곳에서 커다란 도시를 이루어 살았는데 이는 바로 아글라브 저수조 덕분이었다. 저수조를 보기 위해서는 3층 건물의 전망대로 올라가야 한다.

비르 바로우타 우물

670년에 아랍 군대가 이곳을 주둔지로 삼았는데, 얼마 지나지 않아 성스러운 땅 메카에서 사라진 금잔이 이곳에서 발견되었다. 금잔을 들어 올리자 그 자리에서 물이 나왔다고 전해지는데 이는 메카의 젬젬Zemzem 우물과 연결되었다는 비르 바로우타Bir Barouta 우물의 전설이다. 우물이 메카의 신성한 우물과 연결되었다는 것은 '메카와 연결된 신성한 곳'이란 의미다. 이후 아랍 군대는 이곳을 성지로 만들어 자신들의 군사적 행위를 정당화시켰다. 건물 안으로 올라가면 물고기와 코란이 한 줄로 꿰어진, 행운을 부른다는 장식이 달려 있고 낙타가 우물 주위를 빙빙 돌며 성스러운 물을 퍼 올리고 있다. 우물이 메카와 이어져 있다는 전설 덕에 이곳의 물은 무슬림에겐 '성수'로 여겨진다. 낙타 목에는 사람들이 행운을 바라며 걸어둔 다양한 색깔의 스카프가 걸려 있다. 낙타가 자리를 돌며 퍼 올린 물의 맛은 좀 찝찔하다. 시원한 약수가 아니다. 보통 물맛과는 많이 다르다. 그래도 성수라니 한번 꿀꺽꿀꺽 마셔본다.

이곳의 낙타는 뱅글뱅글 우물 주위를 돌면서 물을 길어 올린다. 물을 퍼올릴 때 낙타의 눈을 가리는데 눈이 보이면 자꾸 다른 곳으로 도망가기 때문이다. 카프리카Cafrika 카페와 이웃하고 있어 관광객들이 커피 한잔하며 잠시 쉬었다 가기도 한다.

엘 가리아니 무덤

엘 가리아니의 뜰Courtyard in Zaouia of Sidi Abid el-Ghariani로 불리는 엘 가리아니 무덤은 14세기의 아름다운 이슬람식 중정을 가지고 있다. 외관이 작아서 지나치기 쉬운데, 목각 장식과 벽토 세공 장식Stuccowork으로 장식된 1층 미흐랍 벽면과 2층의 회랑이 특히 뛰어나다. 그리고 이름과는 달리 엘 가리아니가 묻힌 곳이 아닌 16세기의 술탄 물레이 하산Hafsid sultan Moulay Hassan의 무덤이 있는 곳이다.

^ 엘 가리아니 무덤

⌄ 비르 바로우타 우물의 전경

129

▲ 시디 사하브 모스크

◀ 쓰리 도어즈 모스크

시디 사하브 모스크

시디 사하브 모스크^{Zaouia of Sidi Sahab}는 예언자 마호메트의 친구로 알려진 사하브의 무덤이다. 벽의 타일 장식과 기둥 장식이 아름다운 모스크로 경건한 모스크의 분위기와는 달리 많은 관광객이 찾아와 분위기 자체가 편안하다. 이곳에서 기도하면 병이 낫고 축복을 받을 수 있다 하여 많은 무슬림들이 찾는다.

안쪽에는 무슬림이 아니면 출입이 금지되나 공개된 부분만으로도 그 아름다움을 충분히 볼 수 있다. 무덤 주인의 원래 이름은 아부 자마 알벨라우이^{Abu Zama al-Belaoui}인데 이발사로 예언자 마호메트의 머리카락 세 가닥을 자기 팔에 심었다는 전설로 유명한 사람이다(다른 이야기로는 펜던트를 만들어서 지녔다고도 한다). 그래서 이곳을 이발사의 모스크^{Mosque of the Barber}라고 하는데 마울리디 안나비 축제^{Moulid an-Nabi}—예언자 마호메트의 생일이라고 여겨지는 날(태어난 날짜를 알지 못해, 죽은 날을 태어난 날로 여긴다)—행사가 매년 7~8월 사이에 열린다.

쓰리 도어즈 모스크

쓰리 도어즈 모스크^{Mosque of the Three Doors}는 다른 모스크와는 달리 정면 출입문이 3개나 있어 유명해진 모스크이다. 규모는 크지 않지만 아름답고 독특한 외관이 인상적이다. 866년에 건설된 모스크는 3개의 안달루시아 메스끼다 양식의 말굽 모양 문이 있어 '쓰리 도어즈 모스크'라고 부른다. 다른 모스크와는 달리 문 위에 다양한 문양의 장식이 새겨져 있는 파사드가 있다. 사람들은 보통 그냥 지나치고 마는데 가까이서 보면 매우 오밀조밀하게 꾸며져 깊이 들여다볼수록 더욱 인상적이다. 무슬림이 아니면 내부로 들어갈 수가 없어 그 안을 자세히 살펴볼 수 없는 것이 아쉽다. 이 모스크 정문 왼쪽에는 직물을 파는 작은 가게가 있는데 수직으로 만든 테이블보나 침대보를 저렴하게 구입할 수 있어 이 근방을 찾는 많은 관광객이 이곳을 찾기도 한다.

엘젬 원형경기장

엘젬 원형경기장El-Jem amphitheater은 로마 시대에 건설한 원형경기장 중 3번째로 큰 경기장으로 북아프리카에서 가장 큰 규모를 자랑한다. 원형경기장의 크기는 한 면이 148m이고 다른 면이 122m, 계단으로 된 관중석은 35m에 이르는데 수용 인원은 3만 5천 명에서 최대 4만 5천명으로 건축 당시 주민의 수가 3만 명이라고 추측할 때 경기장은 주민 전체를 수용하고도 남는다. 이런 거대한 크기 탓에 엘젬 원형경기장을 처음 보았을 때는 마치 월드컵 경기장 같은 거대 건축물을 보는 느낌이었다. 사람을 압도하는 힘이 강렬하다. 우리가 흔히 콜로세움이라 부르는 원형경기장은 로마에 있는 원형경기장을 의미한다. 로마에 비해 기후의 변화가 적은 엘젬의 원형경기장은 비교적 보존이 잘되어 있는 상태이며, 일부 석재들이 건축자재로 사용되었지만 경기장 전체의 대규모 파괴는 없었다. 17세기 터키의 지배 당시 파괴된 곳은 보수가 진행되고 있으며 1979년에 유네스코의 세계문화유산으로 지정되었다.

엘젬 원형경기장은 아직도 본래 목적인 공연장으로 사용되고 있다. 칠팔월에 엘젬 음악 페스티벌이 이곳에서 열린다. 거의 이 천 년 전에 지은 경기장이 아직까지 본연의 역할을 다하고 있는 것이 참으로 인상적이다. 이곳 튀니지뿐만

▲▼ 웅장한 엘젬 원형경기장의 전경

아직까지도 공연장으로써
의 역할을 거뜬히 해내고
있는 엘젬 원형경기장

아니라 알제리 티파사, 리비아 랩티스 마그나, 스페인 같은 곳의 로마 유적지도 약간의 보수와 설치를 거쳐 원래의 목적인 공연에 사용한다. 야외 공연장이지만 음향 또한 고려되어 소리가 좋다고 한다. 심지어는 육성으로 공연을 해도 뒷자리에 다 들릴 정도니 실용성을 우선으로 한 로마인의 건축 기술이 새삼 대단하다. 근처 엘젬 박물관에는 모자이크로 장식한 목욕장, 저택 유적군 등의 유적이 남아 있다.

* 엘젬 음악 페스티벌 홈페이지 http://www.festivaleljem.net

올리브유 무역의 중심지, 엘젬

엘젬은 티스드루스Tysdrus라 불리던 로마의 식민도시로 올리브유 무역으로 엄청난 돈을 벌었다. 원형경기장은 230년부터 8년간 지어졌으며 당시의 기술로도 상당히 빠른 시간에 완성된 편에 속한다. 소요 자금의 대부분은 올리브유 무역으로 축적된 부를 기반으로 하여 지주이자 총독을 지낸 고르디아누스Gordianus가 부담했다. 건축에 사용된 돌은 30km 떨어진 해안의 살라크타Salakta 해안에서 가져왔다. 원형경기장 건설 도중 로마 황제 막시미누스(재위 235~238)가 올리브유에 무거운 세금을 부과하자 분노한 민중이 그의 퇴위를 요구하며 봉기했는데, 그때 원형경기장은 성채로 이용되었다. 고르디아누스는 황제인 막시미누스에 대항해 스스로를 황제라 칭하고 반란을 일으켰다. 그러나 반란은 실패하고 고르디아누스는 원형경기장에서 자살했다. 또 다른 이야기로는 238년에 막시미누스 황제의 폭정에 대항한 고르디아누스 총독이 아들과 함께 공동 황제로 추대되었고 이곳에서 자신이 로마 황제임을 선포했다. 그러나 곧 이은 전투에서 둘 다 전사하는 바람에 로마에는 가보지도 못하고 진압되었다. 비슷한 내용이지만 두 이야기의 공통점은 고르디아누스 총독이 로마에 대해 반란을 일으켰다가 실패했다는 점이다.

이후 원형경기장은 고르디아누스 3세 때 완공되어 이곳에서 전차 경주와 검투사들의 결투가 행해졌다. 전설에 따르면 7세기 당시 아랍의 침입에 베르베르족의 여장군 알 카히나Al Kahina 공주가 원형경기장에서 마지막까지 대항했다고 전해진다. 그리고 경기장의 한쪽 구석이 무너져 내린 것은 1695년 지방 통치자였던 모하메드 베이가 세금 징수에 반기를 들고 반란을 일으킨 반대파인 알리 베이의 세력을 몰아내기 위해 서쪽 벽 부분을 폭파한 탓이다. 1850년에 있었던 반란으로 그 피해가 더욱 커졌지만 다행히도 현재에는 유네스코의 세계문화유산으로 등록되어 보호되고 있다.

2세기의 막시미누스 황제 시절이나 17세기 모하메드 베이 시절, 백성들에게 가장 가혹하고 무서웠던 것은 세금이었다. 원형경기장을 중심으로 생겼던 반란의 원인이 모두 가혹한 세금이었으니 그 당시의 세금 수탈이 얼마나 심했는지 쉬이 짐작할 수 있다.

원형경기장으로 가는 길에는 기념품 가게들과 식당들이 줄지어 늘어서 있고 사막의 소금호수에서 채취해 온다는 '사막의 장미'와 이곳의 특산품인 수제 가죽공예품, 가죽 신발, 모자이크 복제품 등을 팔고 있다. 한쪽 구석에는 오래된 골동품상이 있어서 골동품을 좋아하는 사람들은 한번 들러 볼 만하다. 튀니스의 수크에 있는 골동품 가게하고는 다른 컬렉션을 갖추고 있어 구경하는 맛이 쏠쏠하다. 원형경기장 안은 외부에서 보는 것과는 또 다른 감동으로 다가온다. 회랑 안쪽에는 거의 2천 년에 가까운 세월의 흔적이 확연히 눈에 띈다. 전체 외벽 가운데 한쪽이 일부가 무너져 훼손되었지만, 전체적인 모양을 파악하는 데에는 아무 문제가 없다. 그늘진 곳에 잔뜩 끼어 있는 이끼들만이 쇠락한 유적지의 시간을 말해줄 뿐이다.

원형경기장은 3층 회랑으로 이어진 관중석으로 되어 있다. 충분한 층간거리를 보니 현재의 경기장보다 회랑 구조를 더 잘 지은 것 같이 느껴진다. 안팎의 공간을 회랑이 잘 분리시켜 소음을 효과적으로 막아준다. 음침한 느낌이 드는 좁은 계단을 따라 지하로 내려가니 천장 일부를 들어내고, 관람을 위한 채광창으로 만들어 햇빛이 쨍하니 잘 들어온다. 검투사들이 있던 지하 공간으로 이동하면 시합에 출전할 검투사들이 대기하던 방이 쭉 늘어선 구역이 나온다. 방에는

▲ 각종 특산품을 판매하는 가게

▷ 뜨거운 햇볕을 피할 수 있는 식당가와 모자이크 복제품을 만드는 작업장

과거 쇠창살을 박았던 흔적이 남아 있는데 영화「글래디에이터」에서 보았던 검투사들이 경기 전 대기하는 장면이 상상된다. 이들이 이곳에서 경기를 기다리며 느꼈을 공포감과 긴장감이 고스란히 전해진다. 동물 우리에는 동물들이 쇠사슬로 묶여있었던 흔적이 남아 있다. 당시 튀니지에는 많은 동물들이 서식했는데 대제국의 수도 로마에 연간 수십 마리의 사자를 공급했다는 기록이 남아 있다. 또한 이곳에는 동물들을 지상으로 올리던 일종의 엘리베이터 시설인 리프트가 있다. 2000년 전에 리프트를 실용화했다니 정말 대단하다. 물론 노예들이 일일이 손으로 끌어올린거지만 그런 첨단 시설들이 원형경기장에서의 재미를 배가했을 것이다. 바닥이 갈라지며 맹수가 '짠' 하고 올라오는 그 모습. 며칠을 굶겨서 잔뜩 성이 난 맹수가 쇠사슬에 묶여 몸부림치며 포효하는 모습은 관중들을 공포와 함께 흥분으로 몰아넣어 경기장이 환호성으로 가득차지 않았을까.

리프트 옆의 검투사들 대기 공간에는 천장에 환기를 위한 공기 구멍이 있다. 이곳으로 햇빛이 들어온다. 당시에는 이 안에 등불을 켜놓았을 테지만 그래도 어두웠던 지하 공간에서 경기를 앞두고 있는 수많은 검투사들이 하늘을 보며 무슨 생각을 했을까. 한 가지 흥미로운 것은 지하 공간에서 지상으로 나가는 입구 쪽으로 촛불을 켜놓고 기도를 하던 공간이다. 큰 경기를 앞두고 신에게 기도라도 해야 했던 그들의 심정이 이해가 간다. 기록에 의하면 모든 검투사들이 경기에서 패한 후 죽진 않았다. 지금의 격투기 선수들처럼 흥미를 위한 경기를 했을 뿐. 200여 번의 경기를 치룬 검투사의 기록도, 여러 번 경기에서 패배했던 검투사의 기록도 남아 있으니, 영화에서처럼 잔인하게 죽임을 당하지 않았던 것은 확실하다. 경기에서 졌다고 검투사들을 모두 죽였다면 검투사를 키우던 상인들은 전혀 이익을 볼 수 없었을 것이다. 영화 「글레디에이터」의 주인공 '막시무스' 같은 인물 이야기도 꾸며진 이야기인데 그렇게까지 잔인하지는 않았다는 것이 정설이다.

기독교인들을 원형경기장에서 사자 밥이 되게 한 것도 실제로 이루어지지 않은 사실이라는데 과연 무엇이 진실일까? 당시 기독교인들이 로마의 시민이었고, 귀족들도 기독교를 많이 믿었기에 그런 신분의 사람들을 원형경기장에 세워 맹수의 밥으로 만들었다는 것은 도저히 납득이 되지 않는다. 진실은 당시에 살았던 사람만이 알고 있겠지만 수많은 기록은 우리가 알고 있는 상식과는 매우 다르다.

☾* Travel tip

콜로세움과 원형경기장의 차이?
로마의 콜로세움은 네로 황제의 거상Colossus이 있었던 데에 유래했다. 많은 사람들이 로마의 콜로세움과 비슷한 형태의 원형경기장을 콜로세움이라고 하는데 로마의 콜로세움을 제외한 나머지는 원형경기장Amphitheater으로 부르는 것이 맞다. 그러나 콜로세움이라고 부르는 것에서 그 느낌과 웅장함이 더 쉽게 연상되는 것은 사실. 영화 「글래디에이터」에 나오는 콜로세움 장면이 이곳에서 촬영된 것이라고 알려져 있는데 이곳에서 모티브를 얻었으나, 실제로는 모로코의 아이트 벤 하두Ait Ben Hadu와 알제리의 밀리아나Miliana(로마 시대 이름으로는 주카바르Zucchabar)라는 작은 마을에서 찍었다.

도자기의 도시 나불과
함맘의 도시 하마메트

나불의 금요 낙타 시장

튀니스 남쪽 도시 나불Nabeul은 채색 도자기Colorful Ceramic로 유명한 곳이다. 나불의 중심가에는 오렌지의 도시라는 의미로 커다란 오렌지 탑이 서 있다. 튀니지는 도시마다 특산물을 정해 정부 차원에서 지원을 하고 있는데, 오렌지로 장식된 도시 입구의 이 조형탑은 나불이 오렌지로 유명하다는 것을 직접적으로 광고하고 있는 셈인데, 이는 상당히 직관적인 표현 방법이다. 나불은 라마단 기간을 제외한 매주 금요일마다 수크가 열리다가 이제는 상설시장이 되어 매일 수크가 열린다. 금요일에는 더 많은 상인들이 수크에 나온다. 과거 낙타를 사고팔던 가축 시장에서 유래하여 '낙타 시장'이라 부르다가 이제는 주로 채색 도자기와 각종 소품을 파는 시장이 열린다. '시트러스의 도시'라는 별칭답게 오렌지, 석류 등을 파는 과일 시장도 크게 열린다. 시장통은 튀니지 각지에서 모인 사람들과 관광객들로 인산인해를 이룬다. 로마 시대부터 내려왔다는 제조법으로 만드는 채색 도자기와 과일, 가죽 슬리퍼, 쿠션 커버, 흰색으로 칠해진 지중해풍의 새장이 보인다. 각종 식기와 담배 재떨이, 다양한 맛을 내주는 향신료와 장

˅ 하마메트 해변의 리조트

▲ 놀랄 만큼 정교한 무늬와 색상을 자랑하는 채색 도자기들

미, 젤라늄, 재스민 등으로 만든 향초와 아로마 오일, 관광객을 위한 기념품 가게, 그리고 가축 시장의 양과 염소에 이르기까지 상인들과 관광객들로 발 디딜 틈이 없다. 아랍 풍물을 신기해하는 외국인 관광객은 셔터를 누르기 바쁘다. 금요 시장의 물건들은 대부분 가격표가 붙어 있다. 그러나 흥정 없는 거래는 재미가 없는 법. 자신이 원하는 물건이 있으면 흥정을 해서 구입하는데 보통 그들이 부르는 가격의 50%, 잘하면 20~30%에도 살 수 있다.

나불에서 생산되는 채색 도자기는 튀니지의 주요 관광지에서 파는 도자기와 같다. 나불은 튀니지 채색 도자기의 도매시장 같은 곳인데 시디 부 사이드나 튀니지의 유명 관광지에서 파는 채색 도자기들은 거의 나불에서 생산되었다고 보면 된다. 나불이 도자기로 발전할 수 있었던 이유는 인근에서 좋은 진흙이 많이 나오는 것뿐만 아니라, 16세기경 스페인에서 건너온 안달루시아 사람들이 황색과 녹색 유약을 이용한 제작 기술을 도입한 것도 그 이유라고 한다. 이곳의 도자기는 유약을 발라 색을 내는 방식이 아닌 초벌구이 후에 도자기 위에 일일이 손으로 채색을 하는 방식으로 도자기를 만든다. 주로 생활 도자류를 생산하는데, 꾸스꾸스 그릇, 따진 냄비, 올리브 그릇, 양고기를 재어두는 그릇, 이드 알 아드하 Eid Al-Adha 때 쓰는 그릇 등 생활 자기 위주다. 색상이 원색적이라 우리의 정서에 안 맞을 수도 있겠지만, 독특한 색상의 그릇들은 사막의 황량한 황토빛 환경과 대비되어 묘한 조화를 만들어낸다. 이들이 도자기 채색에 주로 사용하는 색은 파랑, 황색, 흰색, 초록색인데 이는 각각 하늘과 태양, 자스민 꽃, 그리고 이슬람을 의미한다.

나불에는 도자기 공장이 한때 2,000여 개가 넘었다. 로마 시대에 네아폴리스 Neapolis라고 불렸던 '나불'이라는 이름은 도자기 기술을 지중해 건너 나폴리까지 전달해 지금의 이탈리아 나폴리의 어원이 되었다는 이야기가 있다. 길가에 도자기를 잔뜩 펼쳐놓고 손님을 기다리는 가게들이 보인다. 이곳에는 공장에서 생산된 작은 소품 도기류를 1~3디나르에 판매하는데, 이미 가게 앞에는 사람들로 북적인다. 이곳의 채색 도자기는 그 크기나 모양은 언뜻 보면 비슷하지만 공장 제품이냐 수공예 제품이냐에 따라 가격은 천차만별이다. 이곳에서 생산되는 도자기는 색의 조화와 기능적인 감각이 뛰어나다. 수공으로 만들어진 그릇은 그 무늬와 색상이 놀랄 만큼 정교하다. 과연 이것이 손으로 그린 것이 맞나 싶은 작품들이 많다. 하긴 이들의 솜씨는 이슬람 사원의 정교한 무늬를 만들며 오랜 시간 수련하였으니, 이 지역 장인들의 솜씨에 대해 더 설명하기에도 입 아프다. 그렇기에 수공예 제품의 가격이 비싼 것이 당연지사. 좋은 제품을 고르려면 물건을 보는 안목은 기본, 거기에 발품을 많이 팔아야 하는 것은 어디서나 진리로 통하는 사실이니 부지런히 발을 옮긴다.

나불은 또한 '시트러스의 도시'로도 불린다. 매년 3월에 오렌지 축제와 와인 축제가 열린다. 카프봉 반도의 블러드 오렌지와 오렌지, 레몬, 자몽 등 시트러스류 과일 생산에 최적의 조건을 갖추고 있기 때문. 인근의 포도는 마공Magon와인을 만들어냈다. 마공와인은 그 품질이 우수하기로 소문이 나 있는데 이곳의 기후가 좋은 와인을 생산하는 포도 재배에 안성맞춤이다.

함맘의 도시, 하마메트

'함맘의 도시'라는 뜻을 지닌 하마메트Hammamet는 수도 튀니스에서 약 65km 정도 떨어진 해안도시다. 아랍어로 목욕탕을 뜻하는 함맘Hammam의 도시답게 곳곳에 전통 함맘들이 보인다. 하마메트는 수스와 더불어 인기 있는 휴양지로 여름철 쾌청한 날씨와 유럽의 1/3도 안되는 싼 물가 때문에 유럽의 관광객이 많이 찾는다. 그리고 프랑스나 독일에서 항공편으로 2~3시간이면 도착할 수 있어 지리적으로도 가깝다. 북아프리카 최고의 해안 휴양지로 이름을 날리는 하마메트는 눈이 시리게 파란 하늘과 바다, 고운 모래가 끝없이 펼쳐지는 해안의 풍경으로 인해 휴가철에는 유럽에서 넘어온 관광객들로 호텔마다 객실이 가득 찬다. 이곳의 인구는 약 5만여 명인데 호텔 관련 데이터를 보니 하마메트의 객실 수는 약 4만 개라 하고, 일반 호텔과 세계적인 체인 브랜드의 호텔이 140여 개나 있다고 한다. 참고로 미국의 라스베이거스는 객실 수가 10만여 개(특급호텔

▲ 오래된 함맘의 내부

145

기준) 정도라 하니 이곳 관광객의 규모를 쉬이 짐작할 수 있다.

하마메트는 아름다운 지중해 물빛이 태양에 반사되는 풍경이 그 어느 곳보다도 멋진 곳이다. 그중에서도 햇빛이 잘 드는 바닷가 근처의 방은 참으로 멋진 풍경을 연출하는데, 피곤한 여행을 마친 여행자가 누릴 수 있는 최대의 게으름을 즐길 수 있는 곳이다. 누가 뭐라 하지 않고 내 스스로 결정하는 하루의 일과와 휴양지에서 느끼는 자유가 이곳에 있다. 아침 일찍 깨어나면 이른 아침 바닷가의 백사장을 밟으면서 산보를 나갈까 아니면 잠을 더 잘까 하는 고민이 행복하게만 느껴지는 곳, 그곳이 바로 하마메트다. 이제는 전통 목욕탕인 함맘의 원리를 현대적으로 발전시킨 탈라소 테라피와 아랍식 사우나인 함맘이 같이 있어 관광과 휴양을 배로 즐길 수 있는 도시가 되었다.

야스민 하마메트

하마메트에서 5km 정도 떨어진 이곳은 관광 지역으로 지정되어 있다. 튀니지를 대표하는 재스민꽃이 많아 야스민 하마메트^{Yasmine Hammamet}로 불리는 이곳에는 수많은 고급 호텔들이 즐비하다. 국가의 주요 산업으로 관광을 발전시키고 있는 튀니지는 외국 관광객 유치를 위해 많은 노력을 한다. 일반 대중교통으로는 들어올 수 없고 최소 택시나, 자가용, 관광객임을 표시하는 차량으로만 들어올 수 있는데 경찰들이 이곳으로 오는 도로를 지키고 있어 치안이 안전하다. 이곳 호텔의 등급 기준은 외부 검증 기관이 아닌, 자체 평가 기준에 따라 등급이 결정된다. 인터내셔널 체인 호텔-쉐라톤, 소피텔, 인터콘티넨탈 등의 체인 호텔들은 기본적으로 요구되는 서비스 질을 유지하지만 로컬 브랜드 호텔의 경우는 그 질이 좀 떨어진다는 평이 있는데 대부분 만족할 만한 서비스를 제공한다. 야스민 하마메트는 함맘의 도시답게 함맘의 원리를 현대적으로 응용한 탈라소 테라피^{Thalasso Therapy}로 유명하다. 탈라소 테라피는 깨끗한 지중해 바닷물을 이용한 해수 스파를 의미하는데, 호텔에서는 경쟁적으로 탈라소 테라피 스파를 만들어 놓고 손님들을 유혹한다. 길거리에도 탈라소 테라피 전문숍이 있어 호텔보다 싼 가격으로 이용이 가능하다. 그리고 이곳은 현지와 어느 정도 차단된 지역으로 다른 지역과는 달리 관광 휴양지의 느낌이 물씬 풍긴다. 별 4개 이상의 고급 호텔과 콘도, 상점이 즐비해 있으며 유럽의 어느 해변에 온 것 같은 자유로운 풍경을 볼 수 있다. 해변에서는 토플리스 차림의 여성 관광객도 심심찮게 볼 수 있다.

반면에 튀니지가 개방적이라 해도 현지인들이 많이 찾는 하마메트 해변에서는 이슬람의 보수적 문화 때문에 과감한 노출은 다들 주저한다. 드물게 비키니를 입은 여성이 보이지만 그것마저도 흔치 않다. 호텔 가격은 주요 고객인 유럽인들의 바캉스 시즌인 7~8월이 가장 비싸고 그 주변 달인 4~6, 9~10월에는 좀 싸지며, 날이 추워지는 겨울철 동계 시즌인 11~3월에 가장 저렴하다. 겨울철 해변 지역은 상대적으로 춥기 때문에 가격 차이가 많이 난다. 보통 여름철 1박 (2인 기준)에 150~200유로인 객실이 겨울 시즌에는 특가로 40~50유로 정도이니 저렴하게 이용이 가능하다.

☾* Travel tip

튀니지 문화의 중요한 한 축, 함맘

함맘은 로마 시대의 욕탕 문화가 아랍쪽으로 전해진 것으로 언제나 몸과 마음을 청결히하라는 이슬람의 가르침 덕에 생겼다고 한다. 함맘 안으로 들어가면 우리나라처럼 탈의실 겸 휴게실이 있다. 보통 집안의 중앙에 작은 분수 같은 것을 만들어 놓는데, 욕탕에 들어가면 이와 비슷하게 수증기가 뿜어져 나오는 방이 나온다. 한국식 대중 목욕탕과는 다르게 뜨거운 물을 채워놓은 욕탕이 없다. 물이 상대적으로 귀한 지역이라 건식 사우나 형태의 목욕탕만이 있는 것이다. 함맘은 온돌처럼 따뜻한 대리석 바닥이 있는 방에서 땀을 흘리고 난 후 물로 헹구는 건식 목욕이다. 수증기로 피부가 촉촉해지게 땀을 뺀 후에 비누칠 한 번하고 한두 번 물을 뿌려 주고 비눗기가 없어지면 끝나는 것이 일반적인 함맘 목욕법이다. 함맘에서는 마사지도 받을 수 있는데 '나트울'이라 불리는 이 사람은 신의 은총을 대신 전해주는 사람이다. 남자와 여자는 함맘 안에서는 속옷을 입고 목욕을 한다. 그 이유는 자신의 배우자 이외에는 알몸을 보이지 않기 때문이다. 여기서도 때를 미는데 때를 벗기기 위해 올리브 비누와 때수건, 혹은 말린 수세미오이를 사용하기도 한다.

사헬의 진주
수스

튀니스에서 동남쪽으로 약 140km 거리에 있는 유서 깊은 항구 도시 수스^{Sousse}는 튀니지에서 세 번째로 큰 도시이며 하마메트와 더불어 유명한 휴양지이기도 하다. 푸른 옥색의 지중해를 따라 길게 뻗어 있는 아름다운 백사장과 고급스러운 리조트들이 많아 유럽인들이 즐겨 찾는 휴양 도시로 사랑받고 있다. 하마메트 만(灣)에서 남쪽 가베스 만에 이르는 땅을 '사헬^{Sahel} 지대'라고 부른다. 사하라의 건조 지대가 끝나고 지중해와 만나는 비옥한 땅으로 올리브 농장과 오렌지 농장이 주변에 있다. 지중해 바다를 앞마당 삼아 늘어선 백색과 파란 창문의 집들이 있는 이곳은 '사헬의 진주'라는 별명에 걸맞게 많은 관광객들이 좋아하는 도시이다. 인근에 있는 포트 엘 칸타위^{Port El Kantaoui}는 관광 지구로 여름철이면 관광객으로 북적인다.

수스의 역사를 살펴보면 초기 카르타고 시절에는 자치권을 가진 도시였다가 기원전 6세기, 카르타고에 복속되었다. 포에니 전쟁 때는 카르타고의 편을 들지 않고 로마의 편에 서서 전쟁의 패배로 멸망하는 불운을 피해 도시가 보존될 수 있었다. 수스는 카이사르에 대항해 싸우던 폼페이우스의 주둔지였고, 2세기에는 로마의 황제 트라야누스의 지배하에서 하드루메툼^{Hadrumetum}, 일명 '풍요로운

^여유 넘치는 아름다운 수스 해변

▲ 수스 메디나 입구 ▼ 방어 성채인 리바트

신들의 선물 올리브나무

도시Fertile City'로 불렸을 정도로 번영했다. 수스는 전략적 가치와 더불어 비옥한 농경지로 여러 지배자들이 탐내는 지역이었다.

이후 반달족이 북아프리카의 패권을 장악하면서 얼마간 우네리코폴리스Hunericopolis라 불렸고, 이어 비잔틴 점령 시기에는 유스티아노폴리스Justinianopolis로 불려지기도 했다. 7세기 아랍의 오크바 이븐 나파에 의해 이슬람 세력이 이곳을 지배했고 이름이 아랍어인 '수사'로 바뀌었다. 수스는 12세기엔 노르만족이, 16세기에는 스페인군이, 17세기에는 프랑스군이 차례로 주둔했던 파란만장한 역사를 가지고 있다. 수스는 지배층의 문화가 계속 덧입혀져 문화의 이종교배 흔적들이 남아 있지만 제2차 세계대전 때 성벽 및 많은 유적들이 아쉽게도 폭격으로 인해 먼지 속으로 사라지고 말았다.

수스는 해변 지역의 관광지와 구시가지로 나눌 수 있다. 수스 주변에서 생산된 곡물, 올리브, 직물 등의 교역 항구였던 이곳은 지리적 중요성 때문에 방어 성채가 건설된 난공불락의 요새로 유명하다. 방어용 성채가 '리바트Ribat 수도원'으로 불리는 이유는 무슬림으로서 성채를 방어하는 일을 하면, 성전(聖戰)으로 간주되어 죽은 후 천국행이 보장되었다고 한다. 그래서 지금도 이슬람 원리주의자들이 자살 폭탄 테러를 두려워하지 하는 이유가 죽은 후에 그들이 말하는 천국에 들어갈 수 있기 때문이란다.

이슬람 건축양식을 잘 보존하고 있는 리바트 성채는 1988년에 세계문화유산으로 등록되었다. 8세기 후반에 건설된 성채로 무슬림 전사들이 외적에 맞서기 위해 만든 독특한 성채가 원형 그대로 가장 잘 보존된 곳이다. 빛바랜 성채는 방어와 공격을 위해 단순하고 견고하게 지어졌다. 중세 시대를 배경으로 한 영화에 나오는 성채라고 생각하면 되는데 4각의 정방형 석조 성벽의 두께가 2m나 돼 함포 공격에도 견딜 수 있다. 성벽의 귀퉁이에는 높다란 망루가 있어 사방의 적을 감시할 수 있다. 지금은 관광객들이 메디나의 풍경과 푸른 지중해를 감상하는 전망대로 쓰인다. 성벽을 둘러서는 몸을 엄폐하면서 공격을 할 수 있는 사대들이 늘어서 있다. 안에서 밖을 보는 것은 수원성의 사대와 느낌이 비슷하다. 높고 좁다란 중앙 출입문 좌우에는 로마인들의 유적지에서 가져온 2개의 돌기둥을 이용해 만들었다. 출입문을 들어서면 전형적인 이슬람 사원의 구조와 같게 널따란 장방형 안마당이 나오고 주변에는 작은 방들이 들어찬 회랑이 있다. 1층의 작은 방은 경전을 연구하고 기도하는 방으로 사용되며, 안마당은 축제와 모임의 장소로 사용된다. 과거에는 유사시 주민들의 피난처로 쓰이기도 했다. 해변으로는 수많은 현대식 호텔들과 더불어 고대의 메디나의 흔적이 남아 있다.

메디나 안으로 들어가면 입구를 중심으로 수크가 형성되어 있다. 구시가지의 중심답게 시장을 비롯한 많은 상점들과 노점, 카페들이 있다. '시장을 알면 그곳의 절반을 아는 셈'이라 했는데, 공산품의 대부분은 'Made in China'가 선명하게 찍혀 있는 물건이다. 아랍 느낌이 나는 물건들도 자세히 뒤집어 보면 'Made in China' 혹은 '중국제조(中國製造)' 글씨가 선명하다. 중국이 선진국뿐만 아니라 제3세계에서도 저가 공산품을 주도하고 있는 것이다.

메디나 안의 상가는 관광객을 상대로 하는 상품들과 생활 용품을 파는 시장으로 구역이 나뉜다. 이곳 역시 전통적인 수크의 규칙대로 구역이 정해져 있어 과일, 야채, 향신료, 육류 등이 구역별로 나뉘어 있다. 밖으로 나오니 여느 길거리 카페와 마찬가지로 자리가 꽉 차 있다. 남자들이 모여서 차를 마시면서 이야기를 나누고 있다. 우리나라에 있는 커피 전문점들은 여성 고객의 비율이 높은데 비해 이곳은 정반대이다. 이것은 이슬람의 풍습과 더불어 튀니지의 높은 실업률과도 연관이 있다.

수스의 오래된 전통 카페 'Tiziri 13'에 들렀다. 유명인들도 자주 방문하는 이 카페는 구시가지 뒤쪽에 자리 잡은 오래된 건물 안에 지어진 카페로 튀니지 문화 · 유산보존부 The Ministry of Culture And Heritage Preservation에서 보존 건물로 지정, 보호하고 있는 곳이다. 2층 건물에는 내부 중정을 이용한 카페가 있고 2층에는 작은 방을 개조한 차 마시는 공간이 있다. 안에는 튀니지 특유의 푸른색과 빨간색 카펫이 공간을 가득 채우고 있다. 파란색은 수스의 기억을 멋지게 만들어 주는데, 안에는 늙은 악사가 전통 악기를 연주하고 있고 관광객들은 그 음악에 귀를 기울인다. 2층에서는 손님들이 즐겁게 담소를 나누는 전통적인 카페가

있는데, 이곳은 튀니지 사람들과 관광객들이 알음알음 방문하는 곳이다. 나 또한 튀니지인 친구가 소개해주어 방문한 곳인데 튀니지에서 방문했던 카페 중 가장 멋졌던 곳으로 기억하고 있다.

아름다운 지중해 해변

해변에 들어서 있는 수많은 호텔은 여름 성수기엔 관광객들로 가득 찬다. 하마메트부터 수스까지 길게 이어진 아름다운 해안 덕분에 이곳은 유럽인이 많이 찾는 휴양지로 유명하기 때문. 관광객들은 조금 떨어진 관광 지구인 포트 엘 칸타위를 많이 찾는다. 포트 엘 칸타위는 주변에 호텔과 음식점, 카페가 밀집되어 있는 지역이다. 원래 수스 항구의 물동량이 많아져 수스의 화물을 분산시키기 위해 만든 항구로 개발되면서 주변에 자연스럽게 마리나가 형성되었다.
이곳에는 '한니발랜드'라는 작은 놀이공원이 있고 마리나를 중심으로 크고 작은 호텔들이 많이 있어 인기다. 해안에 늘어선 호텔에 딸린 비치에서 한가로이 책을 읽거나 선탠을 하는 이들은 대부분 50~60대의 유럽인들. 호텔의 프라이빗 비치는 리조트에 머물지 않는 일반인들은 출입 금지 구역이다. 해변으로 나가면 자유분방한 튀니지 사람들을 많이 볼 수 있다. 비키니를 입은 늘씬한 아가씨들도 있고 몸을 최대한 가리고 바닷가에 나온 무슬림들이 공존하는 모습이다. 관광지는 볼거리, 즐길거리, 마실거리로 가득하다.
해가 지고 난 뒤에도 호텔 밖은 시끌시끌하다. 관광지답게 각종 프로그램이 진행된다. 수영장 주변으로 간이 무대가 있는데, 이른 시간에는 어린이를 위한 프로그램을 진행한다. 각종 율동을 곁들인 댄스 시간이 지나고 나서는 전통공연을 시작하는데 수영장 주변이 야외 바가 된다. 항아리를 머리에 이고 나와 무희가 춤을 추기 시작한다. 떨어뜨리지 않고 움직이는 것이 신기하며 매우 이색적이기도 하다. 예전부터 물이 귀한 나라였기에 물 긷는 처녀를 주제로 해서 전통춤이 만들어진 것 같다. 음악이 있는 동안 이곳에서는 맥주를 판매한다.

밤 12시면 야외 바는 공식적으로 문을 닫는다고 한다. 공연이 어느 정도 무르익자 DJ가 나와 무대 한쪽에 있는 뮤직 박스에서 음악을 틀어놓는다. 80년대와 90년대 초반에 유행하던 소위 '롤라장' 댄스 음악과 싸이의 '강남스타일' 같은 국제적 히트곡들이 연이어 나오기 시작한다.

▲ 호텔 야외 바에서 춤을 추고 있는 사람들

대통령의 도시 모나스티르와
항구도시 마디아

수스에서 모나스티르Monastir를 거쳐 마디아Mahdia까지 다니는 사헬선 전철을 타려면 밥 제디드Bab Jedid 역으로 가야한다. 수스에서 사십여 분을 사헬선을 타고 내려가면 모나스티르가 나온다. 사헬선은 수스와 마디아를 왕복하는 노선으로 한국 기업이 만든 전동차가 다니고 있다. 내부는 전철과 무궁화호가 섞인 느낌인데, 최신식 전동차라 에어컨이 나와 내부는 쾌적한 편이다. 모나스티르는 튀니지의 초대 대통령을 지낸 하비브 부르기바의 고향으로 그의 무덤이 있는 곳이다. 인근에 하비브 부르기바 국제공항이 있다. 사실 규모로 보나 수도 튀니스와의 거리로 보나 공항이 있을 지역은 아닌데 있는 것을 보면 모나스티르는 초대 대통령인 하비브 부르기바와 연관되었다고 추측할 수밖에 없다.

모나스티르 역에서 나와 맞은편에 있는 수크를 지나가면 하비브 부르기바가 젊었을 때 살던 집이 나온다. 지금은 하비브 부르기바를 기념하는 카페Cafe Dar el Habib로 변해 손님을 맞는다. 입구에는 하비브 부르기바의 흉상과 주변 사진들이 있고, 내부에 따로 마련된 방에는 사진과 저서들이 전시되어 있는데 이렇듯 곳곳에서 쉽게 찾아볼 수 있는 하비브 부르기와의 흔적들이 모나스티르에 대한 호기심을 더욱 짙게 만든다.

▽ 하비브 부르기바가 살던 집을 개조한 Cafe Dar el Habib △ 수스와 마디아를 왕복하는 사헬선 전동차

˄ 하비브 부르기바가 잠들어 있는 마우솔레움의 외관

˄ 생전의 집무실을 전시해놓았다.

신들의 선물 올리브나무

하비브 부르기바의 영묘, 마우솔레움

하비브 부르기바 영묘 마우솔레움Habib Bourguiba Mausoleum은 해안이 잘 보이는 곳에 하비브 부르기바와 그의 가족(부모와 첫 번째 부인)묘가 함께 조성되어 있다. 입구 근처에는 튀니지의 독립 전쟁에서 목숨을 잃은 사람과 공을 세운 사람들의 묘지가 조성되어 있으며 그 옆으로 하비브 부르기바가 자신의 생전에 멋지게 조성해놓은 영묘가 있다. 하비브 부르기바의 영묘는 마우솔레움이라 하며 모스크 형식으로 꾸며놓았다. 황금색과 좌우 두 개의 녹색 돔, 대리석으로 장식된 입구와 녹색 타일의 아치, 두 개의 첨탑 등이 매우 인상적이다. 입구로 들어가려면 소지품 X-ray 검색 등의 보안 검색을 통과해야 한다. 그리 삼엄하지는 않으나 왠지 모를 긴장감을 준다. 내부로 들어가면 황금색 돔 안에 화려하게 장식된 그의 관이 안치된 공간이 있고 그 옆에는 가족들의 묘가 있다. 생전 하비브 부르기바의 집무실 모습을 그대로 전시해놓고 있다. 그 외에도 생전에 쓰던 유품들과 발급 번호 1번인 주민증, 의복, 그의 행적을 기록한 사진 등이 전시되어 있다. 무료로 개방하며 사진 촬영도 가능하다.

하비브 부르기바

1903년 모나스티르에서 태어난 하비브 부르기바(Habib Bourguiba, 1903~2000)는 튀니스에서 아랍어와 이슬람교 교리를 공부하고 파리의 소르본 대학에서 법률과 정치학을 공부했다. 1932년, 프랑스어판 민족주의 일간지 락시옹 튀니지엔L'Action Tunisienne을 창간하고 독립 운동에 참여하면서 프랑스 자유주의자 및 알제리 · 모로코의 독립 운동가들과도 교분을 쌓기도 했다. 이후 프랑스 정부에 의해 투옥을 당했으며 1945년에 이집트로 망명을 하기도 했다. 1955년에는 튀니지에 귀국하여 그 이듬해 독립한 튀니지 왕국의 총리가 되었고 1957년, 공화국 선언 후 대통령에 취임하였다. 부르기바는 이슬람 세속주의에 기반을 둔 서

구식 개혁을 시행했다. 일부다처제 금지, 히잡 착용 폐지, 여성의 이혼 허용 등 여성의 지위 향상을 가져왔다. 온건한 경제개혁을 추진하며 이슬람 국가의 휴일인 금요일 대신 일요일을 휴일로 하는 등 튀니지를 서구화하기 위한 노력을 하였다. 그가 대통령 재임 기간 동안 추진한 교육 우선 정책으로 대학까지 무상교육을 실시하고 있다. 1975년, 종신 대통령에 취임하였으나 1987년 11월에 총리 벤 알리의 무혈 쿠데타로 대통령직에서 해임되었다. 튀니지의 발전과 개혁에 앞장선 대통령으로 사후에도 국민들의 존경을 받고 있는 인물이다.

모나스티르 성채

모나스티르는 카르타고 지배 당시에 세워져 루스피나^{Ruspina}라는 도시 국가이자 무역항이었다. 이후 비잔틴 시절에는 이곳에 수도원이 있어 '모나스티르'라는 이름을 얻게 되었는데 다른 유래로는 모나^{Mona}공주의 이름을 따서 모나스티르가 되었다는 이야기도 있다.

메디나 옆에 있는 바닷가에 웅장하게 서있는 리바트^{Ribat} 성채는 모나스티르의 명물이다. 이 성채는 796년 아글라브 왕조 시대에 세워졌는데, 해안 요새로 중요한 역할을 담당했다. 이 성채는 튀니지에서 가장 잘 지어진 이슬람의 군사건축물이라고 한다. 이후 리바트는 지속적으로 증축과 개보수를 거쳐 지금의 모습을 갖추었다.

내부에는 박물관이 있으며 성안 마당은 공연장으로 사용된다. 이곳을 찾았을 때는 보수공사 중이라 안으로 들어갈 수 없었다. 일하는 분과 인사를 나누며 물어봤는데 그들 말로는 그해 10월에 공사가 끝난다고 했으나 사실 언제 끝날지는 정확히 알 수가 없다.

▲ 모니스티르 성채

▲ 모니스티르 그랜드 모스크

▲ 스키파 엘 카라 ▼ 마디아의 어항

항구도시, 마디아

사헬선의 마지막 종착역인 마디아^{Mahdia}는 지금은 쇠락한 어항이 있는 작은 도시지만 과거 이집트를 지배했던 파티마 왕조^{the Fatimid}의 초기 수도였던 도시다. 북아프리카 지역을 지배했던 이슬람 통치자 오베이드 알라 엘 마디^{Ubayd Allah al-Mahdi}가 910년에 세운 도시로 그는 아글라브 왕조를 전복시키고 새로운 이슬람 왕조를 세워 튀니지 지역을 지배하였다.

마디아는 969년 이집트 정복 후 973년에 카이로를 새 수도로 정하기 전까지 파티마 왕조의 수도였다. 파티마 왕조는 수도 천도 이후 지리드^{Zirids} 왕조에게 마디아를 넘겨주었다. 이후 마디아는 수스와 함께 무역으로 많은 부를 축적한 도시가 되었는데 이런 역사적 배경은 성벽으로 둘러싸인 구시가지 메디나와 성벽문인 스키파 엘 카라^{Skifa el-Kahla}, 그레이트 모스크 등 여러 유적에 영향을 미쳤다. 지금 있는 그레이트 모스크는 15세기 스페인 군대가 퇴각하며 메디나 성벽과 같이 파괴된 후 복원된 것이다. 도시의 전체적인 느낌은 해안가 도시인 수스와 모나스티르와 비슷해 활기차면서도 고즈넉한 매력이 있는 도시다.

마디아에는 튀니지의 전형적인 어항이 있다. 수스나 다른 항구 도시는 관광객들이 많이 와서 도시적인 느낌이 강해졌다면 마디아는 튀니지의 전통적인 옛 모습을 간직하고 있는 항구이다. 튀니지 특유의 눈이 시리도록 선명한 파란색과 붉은색으로 칠해진 어선들, 그리고 바다의 색깔이 조화롭게 어울리는 곳이다. 튀니지 사람들의 삶의 냄새가 진하게 배어 있는 모습을 볼 수 있는 곳 중 하나로 추천하는 곳이다.

마디아의 항구는 크고 작은 어선들로 가득하다. 오전에 이곳을 방문하면 방금 들어온 어선에서 내린 신선한 지중해 생선이 팔리는 광경을 볼 수 있다. 거칠어 보이지만 여유 있는 어부들의 모습과 어구를 손질하는 풍경, 고기를 잡아온 뒤 그 자리에서 바로 경매에 부치는 모습 등을 볼 수 있다.

INSIDE Tunisia

프랑스 왕 최초로
성인의 반열에 오른 루이 9세

프랑스의 루이 9세는 생 루이라고도 불린다. 또한 그는 성왕(聖王)으로 불리기도 하는데 정의를 바탕으로 한 평화뿐 아니라 덕과 정치의 일치를 추구한 왕이기도 하다. 그는 1248년부터 1254년까지 제7차 십자군 원정에 나섰다. 1250년에는 이집트에서 이슬람군에 패해 포로가 되기도 하였으나 그는 1270년에 또다시 제8차 십자군을 이끌었다. 그러나 전투는 해보지도 못하고 병을 앓게 되는데 그는 장래 필리프 3세가 될 아들에게 기독교도로서 왕의 이상을 요약한 「교훈」을 남긴 후 튀니스 근처에서 사망하였다. 1297년, 프랑스 왕 중에서는 유일하게 성인의 반열에 올랐다.

시디 부 사이드의 건설과 관련하여 전해지는 루이 9세의 야사(野史)가 있다. 그가 튀니지에 오자마자 병사한 것이 아니라 이슬람으로 개종하여 '사이드'로 이름을 바꾸고 여생을 보내다가 숨을 거두었다는 이야기다. 훗날 이곳 사람들이 루이 9세를 이슬람 성인(聖人)으로 추대했고 '사이드'라는 그의 이름은 동네 이름으로까지 남게 됐다고 한다. 그럴듯한 이야기이다. 그러나 이것은 루이 9세가 살아 있던 때와 시기적으로 비슷했던 때에 있었던 일들이 이슬람의 말 많은 사람들의 입방정으로 버무려져 만들어진 이야기일 가능성이 크다. 어디까지나 야사로 전해져 내려오는 이야기이니 튀니지를 여행할 때 잠시 "이런 이야기도 있다더라~"라며 웃고 넘어가면 되겠다.

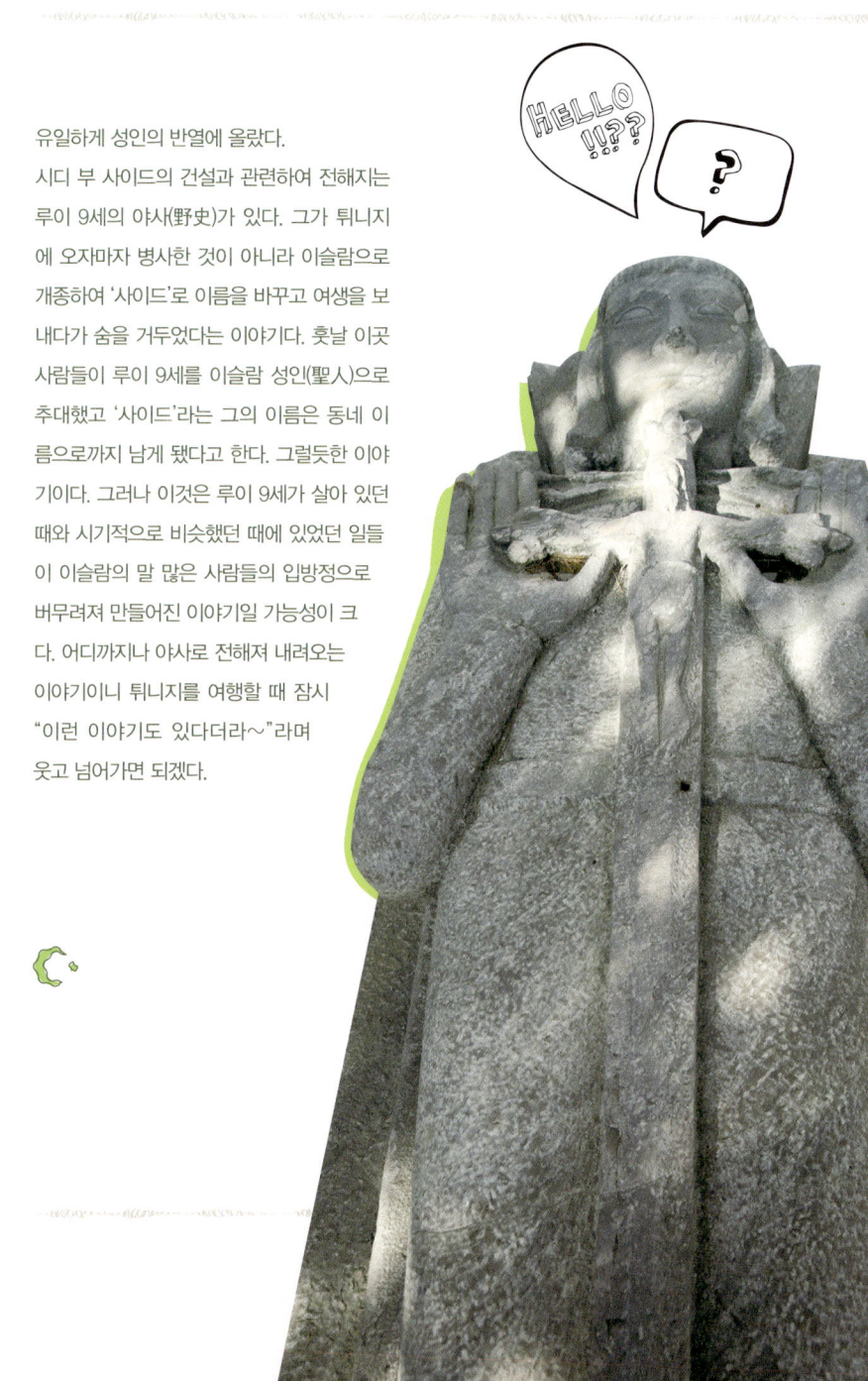

Part

3

스타워즈의 외계마을

마트마타
호텔 시디 드리스
크사르 올레드 솔탄
셰니니, 두이렛, 괴르메사
제르바

제다이가 숨 쉬는 곳
마트마타

튀니지의 한가운데에 있는 마트마타^{Matmata}는 '베르베르족'의 하위 부족 이름이 마을 지명으로 자리 잡게 된 베르베르인들의 마을이다. 마트마타의 주민 대부분은 자신이 베르베르인^{Berber}임을 자랑스럽게 여긴다. 가이드나 드라이버에게 '너는 어떤 종족이니?' 하고 물어보면 열이면 아홉이 '난 베르베르족이야'라고 대답한다. 베르베르인들이 정직하고 용맹스럽다는 이미지가 있어 자신이 베르베르족이 아니더라도 다들 그렇게 말한다고 한다. 베르베르인들은 수천 년 전부터 북아프리카 지역에 터를 잡고 살아왔다. 주로 양과 염소를 키우는 유목민인 이들은 지금까지도 옛 방식을 고수하며 살아간다.

베르베르의 뜻은 '외국'이란 뜻을 지닌 그리스어 '바르바리코스^{Barbarikos}'에서 유래했다는 설도 있고, 다른 기원은 그리스어 '바르바로이^{Barbaroi}'가 아랍어로 전해지며 '바르바리'라고 발음된 것에서 유래했다고 한다. 둘 다 어원이 같은 말임을 알 수 있는데 7세기에 아랍인들이 사막의 유목민들을 구별하기 위해 베르베르란 이름을 처음 사용했다고 한다. 자신들이 대대로 살아왔던 땅에서 '외국인, 낯선 사람'이라 불리게 되었으니, 주객이 전도된 이 상황이 과히 달갑지 않을 것이다. 그러나 정작 베르베르족들은 모든 것이 '인샬라', 신의 뜻이라 여기며

⌃ 마트마타를 향해 가는 길에는 황량한 산악지대다.

⌃ 베르베르족 여인

▲ 누벨(신) 마트마타 주변 풍경

◀ 마트마타로 가는 길에 만난 이정표

살아간다.

마트마타로 가는 길은 황량한 벌판이다. 한낮의 뜨거운 태양과 복사열은 지글지글 타는 프라이팬 같아 몹시도 괴롭다. 뜨거운 회오리가 부는 이곳은 가끔 보이는 낙타 외에는 살아 있는 동물을 보기 힘든 곳이다. 한낮의 열기가 조금 사그라진 오후가 되자 밀짚모자를 쓴 농부와 물통을 실은 당나귀 한두 마리가 보인다. 이곳의 농부들은 베르베르족 특유의 터번을 쓰고 다닌다. 튀니스가 프랑스풍의 도회적이고 살기 편한 곳이라면 사하라 사막의 마트마타는 기후도 좋지 않고 기반시설도 열악한 오지다.

도시 대부분이 물을 기반으로 발전하는 것과는 반대로 마트마타는 영화 「스타워즈」로 알려진 곳이다. 붉은색의 벌거숭이 바위산과 무너진 돌담의 모습은 천년이나 된 이곳 역사를 생생히 보여준다. 마트마타는 땅을 파 토굴을 만들어 그 속에서 생활한 주거 형태로 유명해졌다. 물론 그 유명세의 시작은 「스타워즈」의 촬영지로 알려지면서부터다.

사람들이 집을 땅속에 만든 가장 큰 이유는 한낮에는 기온이 50℃에 육박하고, 밤이면 급격하게 낮아지는 큰 일교차 때문이었다. 사하라 사막에서 끊임없이 불어오는 모래바람은 이곳을 더욱 황폐하게 만들었다. 사람들은 이런 환경 속에서 생활하기 위해 집 주변에 언덕을 만들어 피해를 줄였다. 강한 태양과 모래바람을 피해 지하로 갈 수밖에 없었던 생활 조건이 오늘날 많은 관광객을 불러 모으는 독특한 관광명소가 된 것이다.

포에니 전쟁이 일어났을 때 로마는 이집트의 두 부족을 보내 이곳을 점령하라고 명했다. 결국, 많은 사람이 죽었고 생존자들은 살기 위해 사막으로 도망쳤는데 이들이 땅 밑에 마을을 건설한 것이 마트마타의 시작이라는 설이 있다. 그러나 일각에서는 약 7000년 전 베르베르족 선조들이 이곳으로 이주했는데, 뜨거운 태양을 피하기 위해 집을 지하에 지었고, 복잡한 미로로 지상과 연결했다는 설도 있다. 1000년 전 토굴집이 만들었다는 기록과는 달리 그 역사가 오래된 셈이다. 이집트 군대에 쫓겨 왔든지 아니면 베르베르인들이 살 곳을 찾아 이주했는지 정확한 사실은 알 수가 없다. 그러나 살인적인 태양과 모래바람을 피하기 위해 지하에 동굴집을 만든 것은 확실해 보인다.

이렇듯 독특한 풍경과 이야기를 지닌 마트마타는 영화 「스타워즈」의 배경이 되기도 했다. 이후 「스타워즈」 시리즈가 크게 성공하면서 마트마타에는 스크린 속에서 보았던 강렬한 풍경을 직접 보기 위해 찾아온 사람들로 북적거리게 되었다. 영화가 없었더라면 '혈거부족'이란 이름으로 오지 여행자들에게나 겨우 소개 되었을 곳이다.

하지만 이곳이 세상에 맨 처음 알려진 때는 1969년이었다. 22일간이나 내린 폭우로 인해 흙벽돌집이 무너지면서 올드 마트마타에 살던 사람들은 누벨^{Nouvelle 새로운} 마트마타로 이주했고 집을 떠나지 못한 사람들은 올드 마트마타에 남게 되었다. 이 마을 촌장은 구조 요청을 위해 마을을 떠났는데, 이후 피해 상황을 조사하러 들어온 외부인들에 의해 이곳의 독특한 주거 문화가 세상에 알려지게 되었다. 홍수 때문에 전통 흙벽돌집이 상당수 무너졌지만, 남아 있는 건물은 문화재로 지정되었다. 그러나 「스타워즈」의 영향으로 이곳으로 몰려온 관광객들의 등쌀에 그나마 남아 있던 주민 일부도 다른 지역으로 거처를 옮겨야 했다. 이곳에 계속 남아 있는 사람들은 관광객에게 집을 보여주고 차를 대접하면서 받는 얼마 안 되는 돈으로 근근이 살아가고 있다. 지하 가옥을 가보면 거대한 우물처럼 땅을 깊게 파고 그 벽에 동굴 방을 만들었는데 이렇게 만든 지하 가옥들은 굴로 연결되어 거미줄 같은 지하 도시가 만들어졌다. 다른 곳에서는 볼 수 없는 독특한 건축양식으로 주변에는 중세에 만들어진 크사르^{Ksar}라는 저장 창고들이 특이한 모습으로 잘 보존되고 있다.

마트마타 마을에 들어서니 소년들이 나에게 다가와 스스럼없이 "One dinar!"를 외치며 돈을 달라고 한다. 이들은 모든 관광객에게 습관적으로 구걸을 하곤 하는데 이슬람 교리에 따르면 돈이 많은 사람이 가난한 사람들에게 베푸는 것은 자연스러운 일로, 이들은 자신들이 우리에게 자선을 베풀 좋은 기회를 주는 것이라 생각하고 당당히 구걸을 한다. 또한, 프랑스나 열강의 식민지배 때문인지 잘사는 나라가 많은 것을 베풀어야 한다는 생각도 가지고 있어 이미 돈을 주는 관광객들에게 자연스레 길들여져 있다. 그러기에 어린아이조차도 알라께서

▲ 토굴집 입구에는 물고기와 지혜의 손이 표시되어 있다.

▼ 관광객에게 대접하는 민트티와 전통 빵

◇ 스타워즈의 외계마을

기뻐하시리라고 생각해 구걸하는 데 거리낌이 없다. 사실 이곳 사람들은 관광객을 위한 서너 개의 작은 토굴 호텔 외에는 제대로 된 수입원이 없다. 옛말에 '곳간에서 인심 난다'는 말이 있지 않은가? 마트마타의 척박한 환경은 사람들의 인심마저 척박하게 만들었다. 그저 구경만 하려 해도 손사래를 치며 돈을 요구하는 사람들에 불쾌함을 느낄 때도 사실 있지만 수십, 수백 명의 관광객을 상대하는 이들에게는 이러한 반응이 당연한 일일지도 모른다는 생각이 든다. 그러니 불쾌한 행위를 한두 번 경험했다고 이들을 비난할 수 없을 것이다. 이들에게는 이것이 삶이기 때문이다.

척박한 땅에서 치열하게 살아야 하는 운명은 그들이 지닌 숙명이다. 관광객을 상대로 한 돈에 대한 끈질긴 요구와 갈망은 이들이 조상 대대로 척박한 땅을 지켜오는 동안 그들의 삶의 방식을 고수한 결과일 것이다. 혹은 어려워지는 유목 생활로 몇 푼 안 되는 돈을 가지고 삶을 살아가야 하는 이들의 마지막 선택일 수도 있다.

베르베르족의 강인한 억척 아줌마

대부분의 관광객은 마트마타의 토굴집을 방문하여 차를 마신 뒤 집을 둘러보는 관광코스를 주로 이용한다. 나지막한 터널 모양의 토굴집 입구에는 물고기 모양의 무늬와 지혜의 손이 표시되어 있다. 물고기 무늬는 유대인의 전통에 따라 전해져 온 것이고, 손 모양은 예언자 마호메트의 딸 파티마의 유래가 된 것이다. 손 문양은 자비와 선행, 손님에 대한 융숭한 대접 등을 나타내는 일종의 부적인데 튀니지 지역에서 흔히 볼 수 있는 신의 보호를 기원하는 의미를 지닌다. 보통 아줌마들이 손님들을 맞는다. 토굴집에서는 이들의 살림살이가 그대로 있다. 손님이 없는 시간에는 밀을 맷돌에 갈거나 수공예품을 만들고 있다. 보통 집에서 만든 전통 빵과 민트티를 손님에게 대접하고 받는 20디나르 내외의 돈이 이들의 주요 수입원이다.

언덕 위에서 지표면 기준으로 약 5~10m쯤 파고들어가 넓게 원을 만들고, 가운데의 원형 공간을 중심으로 토굴을 파서 부엌이나 방을 만들었다. 출입은 반대쪽 흙벽 아래로 뚫려 있는 동굴 같은 입구를 지나 들어간다. 베르베르족 전통 지하 가옥의 기본 형태는 가운데 거실을 두고 사방에 방이 있는 우리의 주거 형태와도 비슷하다. 흙벽은 하얀색으로 칠했는데 흰색은 빛을 반사해 내부 온도를 낮추는 기능이 있다. 실제로 둥근 천장으로 이루어진 토굴집은 외부 온도가 40도 이상으로 올라가도 내부는 상대적으로 시원한 느낌을 준다. 한낮의 뜨거운 더위와 밤의 추위를 피하는 토굴집은 이 지역의 기후에 맞게 진화해왔다.

영화 「스타워즈」에서 제다이가 입은 옷은 튀니지의 지방에서 쉽게 볼 수 있는 카샤비아를 본떠 만든 것인데, 남자들이 주로 입는 이 옷은 사하라 사막에 사는 베르베르인들의 전통 의상이기도 하다. 이곳 사람들은 원래 머리부터 입는 통옷이었던 카샤비아에 지퍼를 달아 좀 더 입기 편하게 만들었는데 아직도 이 옷을 즐겨 입는다. 튀니지에는 이것과 비슷한 모양의 '포루누스'라는 옷도 있는데 카샤비아와 비슷한 모양이지만 소매가 없어 커다란 망토와 같이 입는 옷이다.

스타워즈의 흔적을 찾아서
호텔 시디 드리스

마트마타의 호텔 '시디 드리스Sidi Driss'는 「스타워즈 에피소드4」의 중요 촬영지로 등장했던 곳이다. 스타워즈 촬영지인 모스에스파의 세트장과는 달리 실제 호텔의 일부분을 개조한 곳이다. 「스타워즈 에피소드4」에서 루크 스카이워커가 삼촌과 함께 살던 집으로 나왔고, 「스타워즈 에피소드2」에서는 루크 스카이워커의 아버지 아나킨 스카이워커가 헤어진 어머니 집으로 찾아와 이복형과 계부를 만나는 곳으로 나온 곳이다. 덕분에 마트마타를 방문하는 관광객이라면 반드시 들르는 명소가 되었다.

호텔 시디 드라스는 지금도 세계의 이색 숙소를 소개할 때마다 단골로 등장하는 곳이다. 그러나 이곳을 실제로 방문한다면 조금은 실망하게 될지 모른다. 작은 규모뿐만 아니라 시설도 그렇고, 뭐 하나 호텔의 일반적인 기준에 맞는 것이 없다. 하지만 「스타워즈」의 촬영장이란 타이틀이 아니더라도 한 번쯤은 이곳에서 잊지 못할 추억을 만들어 봐도 좋겠다. 동굴 호텔에서 숙박하는 특별한 경험을 하려면 호텔 시디 드리스나 호텔 마르할라를 이용하면 되는데 1박에 16~20디나르 정도의 돈을 내면 된다.

호텔 시디 드리스의 입구는 지하실로 들어가듯 내려가야 하는데 입구가 매우

▲ 깊고 깊은 지하에 위치한 호텔 시디 드리스

▲ 스타워즈 촬영 때 사용되었던 세트들이 아직 남아 있다.

◇ 스타워즈의 외계마을

작아 간판이 없으면 어디가 입구인지 알 수 없을 정도다. 호텔의 작은 입구에서 지하로 이어지는 계단을 따라 내려가면 호텔 리셉션이 나온다. 곧이어 넓은 마당이 나오는데, 깊게 파진 마당을 중심으로 2~3층 높이까지 벽에 구멍을 뚫어 방을 만들었다. 직원이 안내해 준 객실은 우리가 생각하는 일반적인 호텔 방이 아닌 커다란 토굴을 개조한 방이다. 땅을 깊이 파서 만든 호텔이라 마치 폭탄 맞은 거대한 구덩이 같아 보인다. 그 구덩이 안에서는 호텔 편의 시설이라곤 찾아볼 수 없다. 지하 동굴이 객실이 되고, 카페도 되고, 부엌도 된다. 그러나 생각보다 넓은 내부 덕에 객실은 20여 개 정도 된다. 이곳은 토굴의 구조상 객실에 화장실이 같이 붙어 있지 않아 공동 화장실을 사용하며, 식당도 함께 사용한다. 흰색으로 칠해진 이곳의 객실에는 문만 덩그러니 달려 있다. 전에 터키의 동굴 호텔에 간 적이 있었는데 그곳과 비슷한 느낌이다. 그러나 마트마타의 동굴 호텔은 그보다 더하다. 사람 키보다 조금 높은 동굴인데도 깊이는 약 4m 정도 되어 그 안에 들어가 있으면 까마득하게 가라앉는 느낌마저 든다.

밖의 날씨가 40도가 넘어가도 방 안은 땅 밑이라 열기가 들어오지 않아 시원하다. 밖이 사람들로 시끄러워도 방 안은 생각보다 조용하다. 밤에 호롱불을 켜 놓고 도란도란 이야기하면 정감 있을 것 같은 시골집의 골방 같다. 밖으로 나와 위로 올라가 본다. 밖에서 보이는 호텔은 커다란 구덩이보다는 우물 같다. 밖으로 나와 호텔 근처에서 어슬렁거리다가는 잘못해서 쑥 빠지기 좋은 곳이다. 위에서 둘러보니 낡은 호텔 곳곳에는 스타워즈 포스터가 붙여져 있다.

호텔 곳곳에 「스타워즈」를 찍기 위해 설치한 영화 세트가 아직도 설치되어 있다. 페인트칠을 다시 한 듯 새로 채색한 티가 역력하다. 빛바랜 제다이의 그림과 스타워즈 포스터가 이곳이 스타워즈의 촬영지였음을 알려주고 있다. 한쪽에 'Mos Eisly Cantina'라고 쓰인 공간은 바로 루크가 삼촌 부부와 함께 아침을 먹다가 자신의 진로 문제로 갈등을 빚는 장면을 찍었던 식당이다. 위에 그려진 벽화는 영화 제작진이 그려 넣은 것이라고 한다. 까마득히 먼 미래의 모습을 담은 영화와는 어울리지 않을 것 같은 곳을 영화의 배경으로 선택한 감독의 혜안이 감탄스럽다.

직원 말로는 가끔 일본인 관광객이 와서 잠을 자기도 하고, 유럽 관광객들도 와서 하루 정도 묵고 간다고 한다. 숙박하지 않더라도 「스타워즈」 시리즈 때문에 관광객들이 꼭 찾는 필수 코스가 되어 꾸준하게 사람들이 들락날락한다. 그런 사람 중에는 차 한 잔만 마시고 가는 관광객들도 있고 그냥 가는 관광객들도 있어 입장료 1디나르를 따로 받는다. 밖에서는 직원이 '스타워즈 바'에서 차를 마시라는 호객 행위를 한다. 이곳의 숙박료는 '스타워즈의 촬영지'라는 이름값이 있어도 아침 식사를 포함해 우리 돈으로 1인당 1만 5천 원 정도로 저렴한 편이다. 예전에는 이보다 규모가 작았는데, 「스타워즈」 촬영 후 촬영 경비 등의 지원금을 받아 시설을 개보수하여 처음보다 규모도 3배 가까이 늘렸다.

호텔 입구의 '호텔 시디 드리스' 간판 앞에는 기념품을 파는 노점이 있다. 크고 작은 관광 차량이 이곳을 드나드는데, 관광객들은 주로 이곳의 동굴 카페에서 차를 마시고 영화 속의 한 장면을 추억한다. 튀니지의 오래된 전통 토굴집이 미래를 배경으로 하는 영화 「스타워즈」의 배경으로 사용되었다는 아이러니. 갑자기 극과 극은 서로 통한다는 이야기가 생각난다. 가장 오래된 전통 가옥이 미래의 모습을 투영하고, 영화 속에서 외계의 집으로 나온 이곳이 실은 인류의 오래된 주거 형태라는 사실이 무척이나 신기하다.

▲ 호텔 시디 드리스

▲ 호텔 시디 드리스의 식당 내부

▲ 호텔 입구의 기념품 상점

치열한 삶의 공간
크사르 올레드 솔탄

스타워즈의 배경, 크사르 올레드 솔탄

튀니지는 조지 루카스 감독에게 독특한 촬영지를 제공했을 뿐만 아니라 다양한 아이디어 창고의 역할도 톡톡히 해냈다. 「스타워즈」속 외계 행성의 건축양식과 의상, 지명 모두 튀니지의 자연환경에서 영감을 받은 것이기 때문. 영화에 나온 마트마타의 토굴집 외에 주목할 만한 건물은 언덕 위의 요새인 크사르 올레드 솔탄Ksar Ouled Soltane이다. 크사르Ksar는 이곳의 독특한 방식으로 만들어진 곡식 창고를 말하는데 방어와 보관을 겸하는 건물로 쓰였던 독특한 배경을 가지고 있다. 1000년 전 베르베르인들이 만들었던 크사르 올레드 솔탄은 이 지역의 황량함과 아름다움이 교배된 산물이라고 할 수 있다. 튀니지 남부는 많은 영화 속 배경으로 나왔는데 이 지역 사람들의 독특한 삶과 자연, 역사에 대한 풍부한 이야기가 영화를 더욱 풍부하게 만들었다.

크사르는 「스타워즈」속에서 등장인물들이 사는 삶의 공간이 되었고 전통 의복은 제다이 기사가 입은 독특한 옷이 되었다.

영화 속에서는 크사르 올레드 솔탄과 크사르 하다다가 등장한다. 「스타워즈 에

▲ 작은 방인 고르파가 모여 크사르를 이룬다. ▽ 직선과 곡선의 조화가 근사한 크사르 울레드 솔탄

▲ 현재 카페로 사용되는 크사르 울레드 데브밥

피소드1,에서 크사르 올레드 술탄은 타투인 행성의 아나킨 스카이워커의 집으로 나왔다. 그리고 노예 신분이었던 아나킨 스카이워커와 노예들이 살았던 집단 거주지인 모스 에스파Mos Espa로 재탄생되어 나오게 된다. 영화 속에서 여러 번 등장하는 곳이기 때문에 이곳에 오면 '아! 저기' 하며 금방 생각이 날 것이다. 뒤에서 보면 벽돌로 만든 집 같지만 앞에서 보면 흙벽돌과 돌계단의 각진 선들과 더불어 잘 구워진 둥그런 식빵 모양의 지붕을 가진 독특한 건물이다. 둥근 곡선과 직선이 곳곳에서 만났다 헤어지며 이루어내는 조화가 관광객들에게 신비롭고 이색적인 풍경을 선사한다. 특히 크사르 하다다Ksar Hadada는 영화뿐만 아니라 베르베르족이 프랑스군을 상대로 끝까지 저항했던 곳으로 곳곳에 총탄 자국이 남아 있는 튀니지 역사의 생생한 현장이기도 하다.

약탈과 침입을 방어하는 치열한 삶의 공간, 크사르

베르베르인은 외부의 약탈과 침입을 막기 위해 언덕 위에 견고한 흙벽돌로 만든 성채를 만들었다. 언뜻 보면 성채가 그리 튼튼하지 않은 것 같지만, 이것은 사실 공동체를 지킨다는 결속의 의미가 강했다. 크사르는 마을 한복판에 있는 공동 창고로 곡물이나 올리브유 등 재물을 보관하고 함께 지켰다. 외딴곳에 사는 만큼 외부의 약탈이 빈번하여 생긴 자구책이었다. 크사르의 문은 그들만의 전통 자물쇠를 사용하여 잠갔고 단단한 야자나무로 만든 문은 무척이나 견고하다. 외적뿐만 아니라 동물들의 침입까지 막을 수 있을 만큼 튼튼했다.

타타윈 주변에 크사르 수십 개가 현재까지도 산재하고 있고 그중 보존상태가 제일 좋은 곳이 크사르 울레드 술탄이다. 크사르는 베르베르족의 독특한 건축양식인데 아랍어로 '방'의 뜻을 지니고 있는 고르파Ghorfa라는 작은 방이 모여 크사르가 된다. 내부에는 당시 주인의 이름이나 신분을 상징하는 문자들이 천장에 고스란히 남아 있다.

크사르 울레드 술탄이 있는 튀니지 남동부 타타윈 지역은 인간이 살기에 척박한 곳이다. 「스타워즈 에피소드4」에서 루크가 로봇 C3PO에게 '여기는 우주의 중심에서 가장 멀리 떨어진 곳으로 인간이 살기에 어려운 곳'이라 말하는 장면도 나온다. 이 말은 척박한 타타윈 지역의 현실을 그대로 반영한 표현이다. 그러나 이런 환경 속에서도 수 세기 동안 베르베르인들은 그들의 삶을 개척하며 살아가고 있다.

크사르 안에는 기도실도 있고 전통 방식으로 올리브유를 짜는 공간도 있다. 12세기에 지어진 것도 아직 남아 있는데, 벌집처럼 공간을 나누어 많은 방을 만들어 놓았다. 크사르 안은 외부 날씨와는 관계없이 일정한 기온을 유지하기 때문에 보리와 밀, 올리브유 등을 오래 저장할 수 있다. 이곳 사람들이 억척스럽게 만든 흙벽돌의 둥근 구조물에서 아름다운 인간의 의지를 볼 수 있다. 어떤 사람은 로마 교회의 예술적 장식보다 더 가치 있는 것이라 말하기도 한다. 크사르 밖에 삐죽하게 나온 지지대의 나무들은 흙으로 만든 집에서도 볼 수 있는 것들인데 서부 아프리카 말리의 팀북투에 있는 진흙 사원도 이런 식으로 나무 지지대가 있다. 이 나무 지지대는 크사르를 유지 및 보수하기 위해 쓰이기도 하고 위층으로 올라가기 위한 발판 역할 외에도 밧줄을 매달아 도르래처럼 물건을 옮기는 데 쓰이기도 했다.

스타워즈의 마을, 타타윈

타타윈^{Tataouine}은 「스타워즈」에서 타투인^{Tatooine}이라는 행성 이름의 모티브가 된 곳이다. 한적한 작은 도시여서 크사르 관광을 하는 여행자만 무심히 찾아올 뿐이다. 거리의 허름한 카페에선 튀니지의 여느 곳처럼 온종일 할 일 없이 자리를 꽉 채우고 차를 마시는 사람들을 볼 수 있다.

타타윈은 크사르 관광과 인근의 셰니니와 두이렛, 괴르메사 등을 관광하는 시작점이다. 타타윈을 중심으로 해서 지도에만 대략 28개 정도의 크사르가 있다. 그중 훼손 상태가 조금 심한 크사르 에자흐라^{Ksar Ezzahra}, 크사르 페리쉬^{Ksar Ferich},

럭셔리 사막 캠프와 온천 관광지로 유명한 크사르 길란$^{Ksar\ Ghilane}$, 크사르 할로프$^{Ksar\ Hallouf}$, 크사르 조우마$^{Ksar\ Jouama}$, 크사르 헨샤$^{Ksar\ Hencha}$, 크사르 렘사$^{Ksar\ Lemsa}$, 현재 카페로 사용되는 크사르 울레드 데브밥$^{Ksar\ Ouled\ Debbab}$, 크사르 투알$^{Ksour\ Toual}$ 등이 있다. 그중 크사르 울레드 솔탄이 가장 보존 상태가 좋은 곳 중 하나로 많은 관광객이 찾고 있으며 스타워즈의 촬영지인 크사르 하다다$^{Ksar\ Hadada}$는 크사르 중 가장 큰 규모를 자랑한다. 크사르 한쪽이 호텔로 개조된 후 이용객이 없어 문을 닫았지만 「스타워즈」를 좋아하는 관광객들이 많이 찾는 곳 중 하나다. 타타윈 이외에도 메데닌에 크사르가 일부 남아 있는데 그곳에는 아직도 사람들이 살고 있다.

☪ Travel tip

크사르 관광하기

크사르 관광을 위해서는 타타윈의 루아지 터미널이나 호텔에서 흥정 후에 택시를 한나절 정도 대절하여 크사르 울레드 솔탄, 두이렛, 크사르 하다다, 크사르 울레드 데브밥, 셰니니, 괴르메사 등을 돌아다닌다. 택시 비용은 대당 80~100디나르 전후이다. 여러 명이 같이 다니면 비용을 절약할 수 있다.

언덕 위의 요새 마을
셰니니, 두이렛, 끠르메사

　타타윈Tataouine 주변 관광지 중 하나인 셰니니Chenini는 산악 마을로, 마치 「황야의 무법자」 같은 미국 서부영화에 나올 법한 협곡의 황량한 풍경을 보여준다. 이곳은 재래 생활방식이 보존된 튀니지의 대표적인 산악 마을로 크사르가 건설된 목적과 같이 적들의 기습 공격을 피하기 위해서 해발 500m 고지대의 두 산등성이 사이에 있다. 산 정상을 중심으로 12세기에 지어진 고지대의 마을은 폐허로 남아 더는 사람이 살지 않는다. 그래도 아직 마을 일부는 아랫마을 사람들의 곡물 저장 창고로 사용되고 있고 척박한 자연환경 속에서도 굳건히 지켜온 베르베르인의 독특한 마을과 크사르를 보기 위해 많은 관광객이 방문하고 있다. 셰니니 사람들은 최근까지도 베르베르인의 전통 방언을 사용했다고 한다. 황량하게 보이는 이곳의 주민은 생각보다 많은 약 2,000여 명 정도. 많을 때에는 3,000여 명 정도가 거주하였다니 분명 작은 마을은 아니였을 것 같다.
　이곳의 상징적 건물인 흰색 모스크를 중심으로 마을이 이루어졌다. 셰니니의 크사르는 다른 지역과 달리 산 위에 지어져 있다. 지금은 곡식 창고로 사용되지만 예전에는 요새의 역할이 더 컸을 것이다. 이 지역은 비의 강우량에 따라 농작물의 작황이 결정되는 살기 어려운 곳인데 이런 이유로 저장고의 역할이 더

▲ 황량한 풍경의 요새 마을 셰니니

189

욱 중요해졌다. 주변을 잘 살펴보면 계단식으로 만든 밭에서 농사를 짓는다. 작은 땅에 기대어 사는 이곳 사람들의 삶이 얼마나 척박했는지 긴 설명 없이도 한눈에 알 수 있다.

셰니니에서는 시간이 과거로 역류하는 것 같았다. 900년 전에 만들어진 마을을 산 정상에 이고 사는 이곳은 시간을 거슬러 올라 그대로 과거에 멈추어 있다. 폐허가 된 산자락의 거주지에는 돌무더기가 가득하고 바람과 태양만이 예나 지금이나 변함없이 메마른 땅을 쓰다듬고 있다. 인간이 만든 이곳은 시간의 흐름에 따라 점점 자연의 일부가 되어간다. 천 년 동안 바람과 햇볕을 견뎌온 건축물은 이제 자연을 닮은 유적지로 오롯이 남았다. 삭막하고 메마른 땅을 일구어낸 인간의 생존력은 어디까지일까? 관광객들은 튀니지의 이국적인 풍경을 보러 왔다가 인간의 강인한 생존력을 느끼고 돌아간다. 자연에 순응해 살아가다가도 때론 그에 맞서 싸워나가는 인간의 의지가 한없이 숭고하게 다가온다.

셰니니 마을은 산 위와 아래로 나뉜다. 산 위의 크사르와 산 아랫마을, 그리고 호슈Hosh라 불리는 동물 우리가 있다. 예전 전통 생활방식이 그대로 보존되어 있

어 마을 전체가 2007년에 세계문화유산으로 지정되었다. 현재 일부 돌길은 복원 공사가 한창이기 때문에 마을 입구까지는 차량이 들어올 수 있지만 셰니니 정상 쪽으로 난 좁고 가파른 길은 차량이 전혀 다닐 수 없어 당나귀를 이용해 자재를 옮겨야 한다. 셰니니의 서북쪽은 마트마타까지 이어진 산지와 계곡이고 남동쪽은 가파른 절벽을 지나 타타원까지 끝없는 평지가 펼쳐진다. 셰니니가 해발 500m이고 타타원의 고도가 250m이니 고지대를 지나면 평지가 펼쳐지는 것이다.

크사르를 보려면 미로와 같은 돌길을 따라 올라가야 한다. 크사르의 문은 인근에서 가져온 야자나무로 만들었는데, 목질이 매우 단단해 쥐나 벌레가 문을 파먹지 못한다. 크사르를 만드는 고르파 아래층에는 벌레의 해를 덜 받는 올리브유를 보관하고, 2층에는 곡식을 저장했다. 이곳의 방들은 외부의 무게를 잘 분산하는 삼각형 구조로 위가 좁고 아래가 넓은 형태다. 중간에는 역삼각형 형태의 좁은 방들이 있어서 공간을 최대한 활용한 지혜가 엿보인다. 내부로 들어가면 토기로 만든 올리브유 항아리의 흔적도 볼 수 있다.

셰니니의 올리브 기름틀

북아프리카 곳곳에서 보이는 당나귀는 이곳의 소중한 운송 수단이다. 길이 좁아 차량이 들어올 수 없기에 예전 사람들이 살았던 방식대로 당나귀를 이용하는 것이다. 당나귀는 짐을 가득 싣고 쉼 없이 움직인다. 이곳 소년들은 당나귀에 짐을 싣기도 하고 자유자재로 타기도 하는데, 그 솜씨가 꽤 능숙하다. 당나귀들이 주로 옮기는 것은 바로 올리브. 이곳을 찾는 관광객은 산 위의 크사르뿐만 아니라 전통 방법으로 기름을 짜는 커다란 기름틀을 보고 싶어 한다. 또한, 화덕에 굽는 전통 빵도 이곳의 구경거리 중 하나다.

이곳에서는 낙타를 이용해 베르베르인의 전통 방식으로 올리브유를 짠다. 올리브유를 짜기 위해서는 커다란 누름틀을 돌려야 하는데 이 누름틀을 주로 낙타나 말이 돌린다. 관광객은 갓 짜낸 올리브유와 화덕에서 갓 구운 빵을 시식하는데, 전통 방법으로 짜낸 올리브 기름의 신선도에 감탄이 자동으로 나온다. 올리브유를 짜는 과정은 우리가 참기름을 짜는 방식과 유사하다. 우선 올리브를 받침틀 위에 올리고 낙타를 이용해 누름틀을 돌린다. 곧 있으면 검붉은 올리브가 으깨어진다. 으깨진 올리브는 기름과 수분, 올리브 찌꺼기 등의 반죽이 되는데 이것을 모아 그 위에 무거운 돌을 올려 꾹꾹 눌러 올리브 기름을 짠다. 이것이 바로 엑스트라 버진이다.

튀니지에서도 이제는 거의 사라졌다는 전통 방앗간이 이곳에 남아 있는 이유는 전기가 충분치 않아 기계를 쓸 수 없기 때문이다. 낙타를 이용하는 채유는 전기가 필요 없다. 이런 이유로 다른 곳에서는 산업화와 함께 없어져 버린 전통 방식이 남아 있어 그 덕에 셰니니는 유명한 관광지가 되었다. 하지만 이곳도 현대화의 물결을 벗어날 순 없었다. 지금까지 지켜온 전통적 생활방식들이 하나씩 사라지기 시작한 것. 이러한 현실은 인류의 역사에 매우 불행한 현실이기도 하며, 또한 안타까운 일이기도 하다. 하지만 이곳 사람들에게 이런 전통 방식으로만 살라 강요하는 것은 그들에겐 또 다른 고통일 것이다. 오래된 전통을 보존하고 지키는 것을 사실 개인에게 강요할 수 없는 법. 그렇기에 국가가 지원하여

▲ 온통 황토색인 셰니니에서 단번에 발견할 수 있는 흰 모스크

이를 지키도록 도와야 하는데 그것도 여의치 않다. 이래저래 현대화의 딜레마는 이곳에서도 똬리를 틀고 있다.

셰니니는 사방이 모두 황토색의 건물로 가득한데, 이 중 모스크 하나만 백색이다. 바로 이 모스크 건물이 셰니니를 더욱 유명하게 만든 셰니니의 랜드마크다. 세븐 슬리퍼스 Seven Sleepers 모스크라고 불리는 이곳에는 재미있는 전설이 있다. 모스크 옆에 있는, 크기가 5m 정도 되는 무덤 일곱 개에 대한 이야기다. 3세기 로마 제국 시절 기독교 탄압을 피해 7명의 기독교도가 동굴에 숨어서 살았다. 4백 년 동안 동굴 속에서 잠을 자다가 일어나보니 로마 제국은 사라지고 이슬람이 지배하는 세상이 되어버렸다. 이들은 4백 년을 자는 동안 키가 계속 자라 4m에 이르렀는데, 안타깝게도 잠에서 깨어나자마자 죽음을 맞이하게 된다. 그러나 전설에 따르면 이들은 죽기 직전에 이슬람교로 개종해 천국에 갔다는데, 전설의 고향에나 나옴 직한 이야기라 할 수 있다.

두이렛

올드 두이렛은 셰니니와 마찬가지로 과거 베르베르인들이 거주하던 마을의 유적이 남아 있는 곳이다. 특이하게도 산 정상에서부터 아래로 내려오면서 사람들이 굴을 파 거주지와 크사르를 만들어놓았다. 크사르 주위에 돌을 쌓아 튼튼하게 방어를 한 흔적이 있다.

이렇게 높은 지역에 집을 짓고 산 이유 중 하나는 방어의 목적뿐만 아니라 건조지역이라 나무가 없어 비가 조금만 와도 자연하천인 '와디'가 생겨 침수해를 입을 수 있기 때문이었다.

두이렛Douiret에서 유적이 있는 올드 두이렛은 약 1km 정도 떨어져 있다. 멀리서 크사르가 요새 같이 산 주변을 둘러싼 흔적이 있다. 그리고 그 안에 모스크를 상징하는 흰색 건물이 보인다. 두이렛은 셰니니와 마찬가지로 외부의 침입을 방어하기 위해 평야 가운데 솟아 있는 산에 집과 저장고를 지은 베르베르인들의 독특한 마을이 있는 곳이다. 산 위의 건물은 성채 같은 구조를 하고 있고 산 꼭대기로 올라가는 길은 좁고 가파르다. 산 위의 건물은 복잡하게 얽혀진 주거지로 마을에 접근하기 위해서는 경사가 가파른 길을 올라가야 한다. 길을 올라가면 크사르와 집이 있던 자리에 호텔과 레스토랑이 있어 관광객을 맞이하고 있다. 인근에는 베르베르인들이 사는 마을이 있다. 지금 이 지역은 호텔 이외에는 사람이 살지 않는다. 주변에 양과 염소를 치는 사람들만이 드문드문 보일 뿐이다.

▼ 황량한 두이렛의 정상 모습과 양과 염소를 치고 있는 베르베르 여인

괴르메사

이 지역에는 「스타워즈」와 관련된 지명이 여러 개 있는데 그중 타타윈은 타투인으로, 그리고 타타윈 인근의 세 마을은 타타윈의 위성 이름으로 불렸다. 바로 셰니니Chenini와 곰라센Ghomrassen, 그리고 괴르메사Guermessa다. 괴르메사와 셰니니, 두이렛의 공통점은 산 위에 만들어진 크사르 마을이라는 것. 괴르메사는 두이렛과 비슷한 구조의 베르베르인 마을의 유적지로 지금은 아무도 살지 않는다. 오히려 두이렛보다 더 가파른 산 위에 마을과 크사르를 만들어놓았는데, 거주지와 모스크, 저장고는 돌로 지어졌고, 군데군데에는 마을의 방어를 위해 돌로 벽을 튼튼하게 쌓아놓은 흔적이 남아 있다. 괴르메사는 인터넷을 검색해도 잘 나오지 않고 그나마 「스타워즈」로 검색하면 겨우 나올까 말까 할 정도의 작은 동네다. 괴르메사로 가려면 셰니니에서 누벨 괴르메사로 이동한 다음에 비포장도로를 따라 한참을 들어가야 한다. 마을로 가기 위해서는 사륜구동 차량이 마을 아래까지 올라가야 한다. 이런 이유로 괴르메사는 관광객이 거의 방문하지 않는 곳이기도 하다.

△ 그 어떤 오세 마을보다 황량한 괴르메사

오디세이의 섬
제르바

일찍이 프랑스의 소설가 플로베르는 "제르바Jerba를 두고 죽기가 억울하다."라고 말했다. 제르바 섬은 튀니지 남동부에 말굽 형태로 들어간 가베스만에 붙어 있는 섬으로 '바다의 오아시스'라고 불리며 북아프리카에서 가장 큰 섬이기도 하다. 동서 29km, 남북 27km 크기의 섬으로 미둔Midoun 인근 북동부 해변을 따라 조성된 관광지구에는 고급 리조트와 호텔, 카지노가 있어 튀니지 사람들과 관광객들이 여름 휴가와 휴양을 위해 찾는 곳이다. 관광지구로 지정된 제르바의 아름다운 해변 30km에 걸쳐 4성급 이상 호텔만 130개가 늘어서 있고 인근에는 중저가 호텔들이 밀집해 있을 정도로 관광 관련 산업이 이 지역 경제의 중심이다. 또한, 제르바는 하마메트와 함께 바다 진흙을 이용한 머드 마사지와 바닷물 요법Thalasso Theraphy의 명소이기도 하다.

이곳은 여행정보사이트인 트립어드바이저에서 '2008년 떠오르는 여행지' 1위를 차지한 여행지이며, 론리플래닛에서는 제르바 섬을 '가장 이상적인 휴가지'로 표현했는데 이는 제르바 섬이 저렴한 물가와 아름다운 해변, 날씨를 가진 곳이기 때문이다. 튀니지 물가는 한국 체감 물가의 1/3 정도라 유럽인들이 느끼기에도 저렴하고 날씨도 좋으니 그만한 휴양지가 따로 없을 것이다. 2011년 재스

▲ Caribbean World Djerba Hotel, 제르바 섬은 지중해의 휴양지로 많은 호텔들이 밀집해 있다.

제르바 지도.
오른쪽 위가 호텔이 밀집한 관광지구다

◇ 스타워즈의 외계마을

민 혁명 이후 관광객이 많이 감소해서 지역 경기가 많이 위축되긴 했지만, 아직도 많은 튀니지인이 휴가를 보내기 위해 방문하고 싶어 하는 관광 지역이다. 제르바 섬에 사는 주민을 제르비안이라고 부르는데, 튀니지 내에서도 베르베르족이 가장 많이 거주하는 지역으로 베르베르 방언을 아직도 사용하고 있는 지역이기도 하다. 육지에 사는 튀니지 사람들과는 다른 전통을 유지하며 살고 있으며 북아프리카에서 보기 드문 유대교 회당인 엘 그리바 시나고그가 있는 독특한 지역이다. 제르바 섬의 위치가 리비아 국경과 바로 인접해 튀니지와 리비아 간에 영토 분쟁이 일어난 곳이기도 하다.

제르바 섬은 그리스 신화에도 언급되는 섬으로 그리스의 시인 호메로스^{Homeros}의 서사시 「오딧세이^{Odyssey}」에서 율리시즈와 그의 부하들이 풍랑을 맞아 도착해 머물렀다는 섬으로 알려졌다. "연꽃을 먹는 사람들이 사는 섬^{the Island of the Lotus-eaters}"에 부하들을 내려보냈더니 그곳 사람들이 주는 음식을 먹고 행복해져 집에 돌아갈 생각을 잊고 그곳을 떠나지 않겠다고 했다던 전설이 있는 땅이다. 튀니스 바르도 박물관에 사이렌과 율리시즈의 전설을 담은 모자이크 작품이 전시되어 있다.

제르바의 중심 도시, 홈수크

제르바 섬에 가기 위해서는 서쪽에 있는 아짐^{Ajim}이란 곳에서 페리를 타고 들어가야 한다. 페리는 차량만 돈을 받고 승객은 무료다. 또 다른 방법은 섬과 본토를 이은 제방길인 '로마길'로 가는 방법인데 가베스 등지에서 오는 경우에는 페리를 이용하고, 자지스를 거쳐 메데닌과 타타윈으로 가는 경우에는 엘 칸타라를 지나는 로마길을 이용한다.

제르바 섬의 중심에는 홈수크^{Houmt Souk}라는 제르바에서 가장 큰 도시가 있다. 도시 이름은 시장을 뜻하는 수크에서 유래되어 홈수크가 되었으며 제르바에서 가장 큰 시장이 있는 중심지이다. 제르비안의 삶을 생생하게 볼 수 있는 곳이며 주변이 관광지구로 조성되어 있어 주로 관광객들이 많이 찾는 지역이다. 제르바 섬에는 국제공항이 있어 유럽에서 오는 휴양객들이 이곳을 통해 들어오기도 한다. 이런 훌륭한 접근성은 제르바 섬을 인기 있는 휴양지로 만드는 주요 요인 중 하나이다.

치열한 전투의 흔적, 무스타파 요새

제르바의 역사와 함께한 무스타파 요새Fort Ghazi Mustapha는 엘 케비르Borj el Kebir 요새라고 불리기도 한다. 홈수크에서 얼마 떨어지지 않은 이 요새는 튀니지 다른 지역에 세워진 성채와 비슷한 구조로 바다로 들어오는 적들을 감시, 방어하기 위해 세워진 곳이다. 처음에는 로마군이 세운 해안 성채였는데 1284년 노르만족 일파인 아라곤족 장군 로저 드 로리아Roger de Loria가 로마 시대의 요새를 개축했고, 이후 술탄 아부 페레스 엘 하프시Sutal Abu Peres el Hafsi가 석재로 단단하게 보강해 재건하였다. 무스타파 요새로 들어가면 성안 입구에 예전 투석전에 사용했던 지름 50cm가 넘는 커다란 대포알과 목이 없어진 조각상들이 제일 먼저 관람객을 맞이한다. 요새 제일 높은 곳으로 올라가면 바다가 한눈에 보인다.

무스타파 요새는 제르바 섬의 지정학적 위치에 따라 주인이 여러 번 바뀐 역사를 가지고 있다. 이곳이 역사적으로 더욱 유명해진 이유는 1557년 지중해를 무대로 악명을 떨치던 해적 두목 드라굿Dragut이 이곳을 해적의 본거지로 삼으며 개축하면서 해자를 만들었고, 1560년 리비아 트리폴리를 공격하러 가던 몰타 기사단과 스페인군이 원정로 중간인 이곳을 점령하였다. 무스타파 요새에서 쫓겨난 해적 두목 드라굿과 투르크 해군 연합군은 성의 재탈환을 위해 한 달간의 공성전을 벌였다. 전투는 결국 몰타-스페인 연합군 6000여 명의 몰살로 끝이 났고 해적 드라굿은 그래도 분이 안 풀렸는지 이들의 시체를 인근 해안에 쌓아 해골탑을 만들었다. 286년이 지난 1846년이 돼서야 프랑스 대사의 요구로 치워졌고, 지금은 그 자리에 작은 탑을 세웠다.

▲ 무스타파 성채의 전경

▲ 무스타파 성채의 모습

튀니지 삶의 모습, 갈랄라 박물관

제르바는 도자기로도 유명한데 갈랄라 박물관Guellala Museum은 도자기와 튀니지 사람들의 생활 양식을 전시하고 있는 박물관이다. 튀니지 사람들의 결혼과 생활 양식, 음식, 농작물, 어업, 예술 등 튀니지의 전통을 알 수 있게 인형을 이용하여 전시해놓았다. 다른 튀니지의 박물관에서 볼 수 없는 튀니지 사람의 삶의 모습을 이해하기 쉽게 전시해놓았는데 홈수크의 정반대 방향인 섬 아래쪽에 있어 택시를 타고 가야 하는 단점이 있다. 갈랄라 인근에는 도자기를 파는 상점들이 많이 있어 길거리에 있는 도자기 판매점을 방문하면 도자기를 제조하는 모습을 볼 수 있다. 6디나르의 입장료를 받는다.

튀니지의 유대인들

제르바 섬의 하라 스기라Hara Sghira에는 유대인의 회당인 엘 그리바 시나고그El Ghirba Synagogue가 있다. 이곳은 세계에서 가장 오래된 유대인 회당으로 기원전 590년경 바빌론 왕인 네부카드네자르Nebuchadnezzar가 예루살렘을 침공해오자 이스라엘 히브리 난민들이 이곳으로 이주해왔고 그들이 마을을 이루고 살면서 엘 그리바 시나고그가 만들어졌다. 이곳에는 대장장이들과 보석 세공사들이 살았고 이들은 카르타고 사람들에게 기술을 전수했다. 이들은 제2차 세계대전 당시 잠시 독일의 지배하에 있었는데 그때 많은 유대인들이 재산을 몰수당하고, 강제 노역에 동원되고, 유대인을 상징하는 다윗의 별을 가슴에 단 채로 살해당했다. 반유대 정서를 가진 튀니지 정부 수립 이후 이스라엘과 프랑스로 이주하였고 6일 전쟁으로 유대인에 대한 폭동과 약탈 등 반유대 정서가 강해져 이주하였다. 1985년에는 시나고그 방화로 인한 사망, 2002년 4월에는 알카에다의 테러로 유대인과 관광객 등 20명이 사망하는 사고가 있었다. 결국, 제르바 섬의 유대인은 2013년 기준 900여 명밖에 남지 않게 되었다.

☾* Travel tip

제르바 섬의 해적선 관광

제르바 섬이 해적 드라굿과 연관되어 있기에 해적선 모양을 한 유람선 관광 상품이 있다. 유람선 관광 상품의 가격은 25디나르 정도 한다. 성수기 기준 아침 9시 30분에 출발하여 바다를 항해한 후 플라밍고 아일랜드라고 불리는 Ras R'mel 지역으로 가서 일광욕과 해수욕을 하고, 점심을 먹고 돌아오는 일정이다. 비수기에는 운영 여부를 확인해야 한다.

INSIDE Tunisia

튀니지 이동통신사

튀니지를 일주일 이상 여행하는 경우 무제한 데이터 요금을 사용하는 것보다 현지에서 심카드를 사서 쓰는 것이 훨씬 경제적이다. 여행객은 통화보다는 메신저나 인터넷을 많이 사용하는 특성 때문. 튀니지는 아직 스마트폰의 보급률이 낮은 상황으로, 많은 튀니지 사람들이 일반 휴대폰을 사용한다. 그래서 여행객이 가지고 있는 스마트폰이 절도의 대상이 되기도 한다.
LTE 방식이 아닌 3G 방식의 무선인터넷 연결이라 속도가 그리 빠르지 않다. 도시에서는 데이터나 전화가 잘 연결되지만, 도시만 벗어나면 전화 연결이 되지 않는 경우가 다반사다. 남부 지역으로 내려갈수록 작은 마을에서는 무선인터넷과 전화가 안 되는 경우도 많다.
튀니지의 무선이동통신 업체로는 튀니지아나*Tunisiana*, 오레두*Ooredoo*, 튀니지텔레콤*Tunisie Telecom*, 오렌지텔레콤*Orange Telecom* 등의 업체가 있다.
선불 충전방식의 심카드를 5디나르에 구입하면 번호가 주어진다. 이를 위해서는 여권이 필요한데, 심카드를 사서 주입하면 한국에서 사

용하던 스마트폰을 튀니지에서도 사용할 수 있다. 이 과정에서 휴대폰에 컨트리락이 걸려 있는지를 확인해야 하는데 보통 2012년 이후 생산된 스마트폰 모델은 컨트리락이 해제되어 있고, 아이폰 사용자는 사전에 컨트리락을 해제해야 한다. 이동통신 대리점을 방문하여 심카드를 구매한 후 선불로 휴대폰 사용 요금을 충전한다. 주로 10디나르를 충전해 30일간 데이터 2기가를 사용할 수 있는 상품을 추천한다. 그 밖에도 2일 동안 700메가를 사용할 수 있는 2디나르짜리 상품과 5디나르를 주고 7일 동안 700메가를 사용할 수 있는 상품도 있다.

*충전 방법

인터넷 데이터 사용을 위해 전화로 3G 사용 요금을 충전하고자 한다면 *124#을 누르고 1번(500메가, 2일), 2번(700메가, 7일), 3번(2기가, 30일)을 선택하여 누르면 된다. 3G 서비스 사용 도중 본인의 남은 데이터 양을 확인하고자 한다면 *124*0#3을 입력하고 통화 버튼을 누르면 된다.

Part

4

사하라 사하라

～

두즈
토주르
타메르자, 셰비카, 미데스
옹크 제말, 모스 에스파, 네프타
레자르 루즈
쇼트 엘 제리드

사하라의 관문
두즈

사하라 사막의 관문으로 알려진 오아시스 마을 두즈Douz는 튀니스에서 자동차로 일고여덟 시간 이상 걸릴 정도로 먼 거리다. 수목이 울창한 북부 아인 드람과는 달리 두즈로 가는 길 주변에는 올리브 농장이 끝없이 펼쳐진다. 곧이어 키 작은 관목과 풀들이 보이면서 사하라 사막으로 들어온 것이 점점 실감 나기 시작한다. 사하라 사막 여행이 시작되는 도시 두즈는 사막과 농경지의 경계가 되는 곳으로 대추야자 나무 같은 오아시스 농업을 주로 한다. 우물을 중심으로 한 마을은 카라반과 여행자들이 쉬어가는 경유지로 예전부터 유명했다.

지금은 사하라 사막 여행의 시작점으로, 관광객들은 이곳에서 낙타 사파리, 사륜 오토바이 '쿼드', 사막캠핑 체험, 초경량 비행기, 사륜구동 차량 투어 등 다양한 종류의 사막 관광을 할 수 있다. 그러나 그중에서도 두즈에서 가장 유명한 것은 매년 11월 말에 열리는 '두즈 사하라 국제 페스티벌Festival international du Sahara de Douz'이다.

어떤 사람들은 다른 지역의 사하라 관광과 비교하며 가격에 민감해 한다. 그들은 '어디가 좋다, 어디가 더 싸다더라' 하는 의견을 종종 말하곤 하는데, 각 지역마다 나름의 특색이 있으니 객관적인 비교는 어렵다고 생각한다. 시간적, 경제

▲ 사막 위에 걸려 있는 태양이 근사하다.

▲ 사하라의 시작점인 두즈의 사막

약간은 멍한 얼굴이
매력인 낙타

사하라
페스티벌의 한 장면

적 여유가 되어 여러 군데를 돌아본다면 더할 나위 없이 좋겠지만, 여행자의 입장에서는 비슷한 콘셉트의 투어 상품을 전부 이용하기는 한계가 있으니 자신이 여행하는 지역에서 사막 투어를 떠나는 것이 좋을 것이다. 혼자 여행하는 경우에는 어느 정도 바가지는 각오해야 하지만, 단체 투어는 대부분 정찰 가격으로 진행되니 그리 염려하지 않아도 된다.

보통 사하라 사막 투어는 사막과 인접한 모로코, 알제리, 리비아, 튀니지 등 마그레브 국가에서 모두 할 수 있다. 사하라 사막으로 얼마나 깊게 들어가느냐의 차이만 있고 가격이나 일정은 거의 대동소이하다. 관광 인프라는 모로코나 튀니지 쪽이 잘되어 있다. 그러니 사막 여행을 떠날 땐 자신이 여행하는 지역에 맞게 선택하는 것이 좋고, 다른 곳과 비교하기보다는 지금 관광하는 곳이 제일 좋은 곳이라 믿는 것이 여행을 좀 더 똑똑하게 즐기는 방법일 것이다.

사막 관광의 시작은 당연히 낙타 사파리이다. 낙타를 흔히 '사막의 배'라 부르는데 그만큼 사막 기후에 적응을 잘한 동물이다. 사막 투어에는 혹이 하나뿐인 단봉낙타를 이용한다. 쌍봉낙타는 몽고와 이란 등 일부 지역에서만 산다. 낙타는 이미 기원전 3000여 년부터 가축으로 길러져 매우 친숙한 동물이다.

약간은 멍해 보이는 얼굴과 느릿느릿 걷는 걸음걸이 때문에 우리는 종종 낙타를 타는 게 그리 어려운 일이 아닐 것으로 생각한다. 그러나 낙타를 타고 내릴 때의 스릴은 우리의 예상을 훌쩍 뛰어넘는다. 낙타는 일어날 때는 뒷발을 먼저, 앉을 때는 앞발을 먼저 구부려 앉는데 이때 조금만 방심하면 금방 낙타에서 떨어져버린다. 물론 전문 낙타몰이꾼들이 옆에서 낙타를 계속해서 잡고 있지만, 잘못하면 낙상사고가 날 수도 있기에 정신을 바짝 차리고 있어야 한다. 그래서 낙타를 처음 타보는 사람들은 낙타가 앉거나 일어설 때마다 '꺅' 하고 비명을 지르는데, 가끔 낙타를 타는 게 놀이동산의 롤러코스터보다도 더 스릴만점이라는 생각을 하곤 한다. 그러나 낙타는 타고나서도 문제다. 낙타 특유의 움직이는 리듬에 몸을 맞추지 못하면 자연스레 몸에 힘이 들어가고 그러면 낙타도 힘들어진다. 안장에 앉은 다리, 특히 사타구니 부분이 안장에 쓸려 아프기도 하고 심하면 멍까지 든다. 상하로 움직이는 말과는 반대로 낙타는 앞뒤로 움직이는데 엉덩이를 잘 걸치고 리듬에 맞춰 앞뒤로 흔들면 편해진다. 이렇듯 사막에서 낙타와 내가 하나가 되는 법을 배운다. 내가 힘을 주고 있으면 내 몸이 더 힘들어진다. 몸의 경직된 긴장을 풀고 낙타의 리듬을 타고 함께 가야 한다. 낙타의 리듬은 사막의 리듬이다. 그 속에 나를 온전히 맡겨야 편안함을 느낄 수 있다.

사막에서의 황홀한 하룻밤

낙타 사파리는 해지기 전에 출발하여 사막의 장엄한 낙조를 감상하고 다시 돌아오거나, 아니면 야영지에 도착하여 베두인족의 천막에서 하루를 보내는 것이 일반적이다. 한낮의 뜨거운 열기를 피해 해지기 전에 출발하면 곧 낙타의 등 위에서 사막의 '붉은 낙조'를 감상하게 된다. 그 광경은 감탄사가 절로 나오게 된다. 지는 해를 바라보며 걸어가는 사막은 정말로 황홀하다. 앞서가는 낙타의 무리를 제외하고도 주변에 관광객을 태운 낙타 행렬이 보인다. 내가 사진으로만 보고 상상했던 사막 사파리의 풍경이다. 사람 키만한 파피루스가 자라고 야자나무가 길게 뻗어 있는 오아시스 옆을 지나는 행렬이 무척이나 이국적이다. 진정한 사하라의 매력을 느끼기에 두세 시간 코스는 턱없이 부족하지만 이 코스만큼 사막을 비교적 편안하게 경험할 수 있는 방법 또한 존재하지 않는다. 그만큼 '사하라'는 자신의 속살을 쉽게 드러내지 않는다.

여행자들은 대부분 낙타를 타고 이동한다. 처음에는 재미있어 하지만 한 시간 이상 지나면 힘들어진다. 시간이 좀 지나 익숙해지면 낙타 등 위에서 여유롭게 리듬을 탈 수 있게 되는데 이때 아쉽게도 목적지에 도착한다. 좀 익숙해질 만한 때 낙타타기가 끝나는 것이다. 낙타몰이꾼은 일정한 속도로 느긋하게 간다. 그들은 느리지만 절대로 서두르는 법이 없다. 그것이 사막에서 살면서 체득한 그들의 삶의 방식이다. 사막은 이들에게 생활의 공간이자 삶의 일부분이란 느낌이 든다. 그들의 삶이 궁핍해 보여도 외부인의 눈에는 그저 자유로워 보일 뿐. 느릿느릿 걸으며 목적지를 향해 가는 것이 꼭 그렇게 보인다.

▶ 사막을 느긋하게
걸어가는 낙타몰이꾼

▲ 낙타 사파리를 위해 낙타와 낙타몰이꾼이 기다리고 있다.

▼ 모래와 작은 식물들이 공존하는 사하라 사막

대부분의 관광객은 사막 한가운데에 있는 전통 천막 앞에서 불을 피워놓고 노숙을 하거나 천막캠프에서 하룻밤을 보내기도 한다. 천막캠프는 주변의 울타리와 숙박을 위한 천막, 식당, 화장실, 샤워실 등의 편의시설을 갖춘 곳으로 가족 단위의 여행객에게 알맞다. 어느 것을 택해도 사막을 즐기는 데 부족함이 없다. 단, 사전 예약이 필수이고 비수기에는 상관없지만 성수기에는 베두인의 야영지로 나가는 것이 더 저렴하다.

머리에 푸른 터번을 둘둘 감은 낙타몰이꾼이 이끄는 대로 기차처럼 이어진 낙타 행렬이 느릿느릿 사하라 사막 한가운데로 나아간다. 관광객과 가이드가 같이 천막을 친 후 주변에서 잔가지를 모아온다. 잔가지는 대부분 대추야자잎과 줄기들이다. 이것들로 불을 피운다. 모닥불은 한기를 막고, 사막의 밤바람을 맞으며 늦은 저녁을 만든다. 미리 준비한 밀가루 반죽을 이용하여 모닥불이 잦아진 재 속에서 익힌 전통 빵을 먹는다. 그리고 대추야자도 곁들인다. 단출한 저녁이지만 군왕의 진수성찬보다도 더 풍요롭다. 쏟아질 듯한 별들과 달 그림자가 길게 늘어질 무렵 동행한 여행자들과 도란도란 이야기도 나누는 사막의 야영은 누구에게나 동경의 대상이 된다.

밤이 깊어도 모래와 바람은 잠들지 않고 별들과 이야기를 나눈다. 바람은 대추야자의 이파리들을 간질이며 계속 말을 건넨다. 여행 작가 폴 서룩스^{Paul Theroux}는 "진정한 여행자는 자신이 어디로 가는지 모르지만, 관광객은 자신이 어디에 갔다 왔는지도 모른다."라고 말했다. 사막 여행을 떠날 때는 어디로 가는지 정확하게 의식하지 않는다. 단지 사막으로 들어가는 것을 의식할 뿐. 그러나 사막에서 돌아올 때는 사막의 감성에 흠뻑 젖은 '진정한 여행자'가 되어 있다.

침묵 속에 환하게 빛나는 곳, 사막

사막을 보고 느끼는 감정은 사실 누구나 다 비슷하다. 침묵과 고독만이 가득한 곳. 모래 외에는 아무것도 없고, 바람이 만든 모래언덕만이 가득하며, 카라반의 낙타가 호젓하게 걸어다니는 곳이 바로 사막이다. 『어린왕자』의 소설가 생텍쥐페리는 튀니지의 사하라 사막을 자유롭게 비행하며 '시각과 청각의 감각은 멈추었지만, 그 가운데 무엇인가 침묵 속에 환하게 빛나는 것이 있다'고 표현했을 정도로 사막을 사랑했던 작가였다. 사막에서 받는 공통된 느낌은 자기 자신을 돌아볼 수 있는 시간을 갖게 된다는 것이다. 이글거리는 낮의 뜨거운 시간이 지나면 사막 저쪽으로 검붉은 태양이 서서히 넘어간다. 한낮의 주인인 태양이 지고 나면 이제 창백한 달이 두둥실 떠오른다. 여행자에게 사막의 밤은 더없이 운치 있게 다가오고, 하늘의 수많은 별들이 우수수 쏟아질 것 같다. 하늘에 별이 이렇게 많은 줄 몰랐다. 아마도 오랜 시간, 도시의 삶 속에서 무신경, 무감각하게 살아왔기 때문일 것이다.

밤의 사막에서는 누구나 「잉글리시 페이션트」 속의 주인공처럼 아름다운 장면을 만들 수 있다. 마른 나뭇가지를 한 짐 가져다가 모닥불을 피우고 뜨거운 차를 마시며 밤하늘을 지붕 삼아 여유를 부리기도 하며, 모래 위 카펫의 따뜻하고 부드러운 감촉을 느끼면서 도란도란 밤을 지새워 이야기를 나누기도 한다. 이런 낭만이 바로 사막 여행의 백미라 할 수 있다. 사막이 심술을 부려 가끔은 여자 마음처럼 예측하기 힘든 모래 폭풍을 일으키기도 하지만 말이다. 만약 모래 폭풍이 오면 사막의 낭만은 시작 전이라도 과감히 접어야 한다. 겸손하게 모든 것을 포기하는 법도 아는 것, 이것이 바로 사막의 법칙이다.

대추야자 나무로 가득한 토주르

소금호수 쇼트 엘 제리드^{Chott El Djerid}를 지나 도착한 도시는 토주르^{Tozeur}이다. 토주르는 인근 도시와 마찬가지로 오아시스와 우물을 중심으로 형성된 곳으로 인근을 뒤덮는 수많은 대추야자 숲과 생명 같은 오아시스가 있었기에 예전부터 사막 여행의 휴식처가 된 도시다. 우리가 일반적으로 상상하는 모래사막이 아닌, 주변에 대추야자 나무가 가득한 전형적인 오아시스 마을이다.

이곳이 중요한 이유는 고대 로마 시대부터 로마의 내륙 진출을 위한 주둔기지였으며, 또한 지중해 해안 도시와 사하라 지역 간 무역의 중심지로 카라반이 지나는 길목이기도 했기 때문이다. 토주르는 중계무역으로 부를 축적한 엘 하데프^{el Hadef} 가문이 중심이 되어 발전한 부유한 도시였다.

토주르는 다른 튀니지 지역에서 볼 수 없는 두 가지로 유명하다. 하나는 구운 흙벽돌로 만든 건축물이다. 이 흙벽돌은 울레드 엘 하데프^{Ouled el Hadef} 구시가지 곳곳에서 볼 수 있는데, 건조한 기후 덕분에 14세기 도시 원형을 상당 부분 간직하여 아랍식 건축물의 아름다운 진수를 느낄 수 있다. 그리고 또 다른 하나는 대규모 대추야자 농장이다. 이곳 사람들은 대부분 대추야자 나무를 가지고 있다. 대추야자 나무를 통해서 적지 않은 소득을 올리는데 그만큼 대추야자는 이곳 사람들에게 풍요를 안겨주는 귀중한 식물이다. 튀니지의 주요한 음식물인 대추야자는 사막에서 필수적인 음식이자 동시에 약으로도 쓰이는데 만병통치약처럼 아플 때 먹기도 한다. 풍부한 영양분과 수분을 함유한 대추야자는 그 자체로 사막에서의 삶을 가능케 해주는 신의 선물이다.

토주르에는 모두 25만 그루 이상의 대추야자가 자라고 있다. 간혹 몇몇 사람들은 50만 그루라고도 하는데 도시 전체가 어마어마한 대추야자 숲으로 둘러 싸여있는 것은 사실이다. 수백 개의 우물에서 물을 공급받아 자라는 대추야자 나무 덕분에 녹색의 푸름이 도시 곳곳에 있다. 이 녹색의 벨트는 사하라의 모래로부터 지금까지 이 마을을 지켜왔다. 하지만 점점 사하라의 모래들이 마을 곳곳을 야금야금 먹어 들어가고 있어 문제다.

마을 한가운데에는 푸른 타일을 붙인 5층 규모의 오아시스 탑이 있는데, 푸른색이 사람들의 마음을 편하게 해주는 것 같다. 오아시스 탑 옆에는 토주르의 중심이 되는 수크와 메디나가 있으며 인근에 여행사와 레스토랑 등이 밀집해 있다. 수크에서는 과일이나 대추야자 등을 저렴하게 구입할 수 있다.

흙벽돌의 매력, 울레드 엘 하데프 구시가지

튀니스에서 남서쪽으로 435km 떨어진 토주르는 카라반 교역으로 부를 축적한 엘 하데프 가문이 살았던 곳으로 14세기 모습이 상당 부분 보존되어 있어 과거의 시간이 멈추어 버린 곳이다. 사막에 붙잡힌 시간이 건물 사이사이에서 과거로 가는 길을 안내해준다. 무심해 보이는 좁은 벽돌 골목들과 군데군데 자리한 작은 광장이 매우 복잡하게 얽혀 있어 마치 9,000여 개의 작은 골목으로 이루어진 모로코 페스의 축소판처럼 느껴진다. 메디나가 처음 만들어진 후 지금까지 세워진 집은 보통 2층집들이다. 자외선으로 인해 변색되어 독특한 색을 내는 누런 흙벽돌은 다른 튀니지 지역과는 색다른 느낌이다. 벽돌에는 이슬람 특유의 기하학무늬가 새겨져 있어 건물 자체로도 볼거리가 된다. 특이하게도 창

^ 흙벽돌로 만든 첨탑이 있는 엘 파스쿠스 모스크   ^ 말이 끄는 달구지는 시내에서 흔히 볼 수 있다.

문은 작은 야자수 조각을 이어 붙인 정교한 문양으로 이루어져 있고, 어떤 말로도 표현할 수 없는 아름다움에 마음을 빼앗긴다. 골목에서 만날 수 있는 흙벽돌집에서 느껴지는 세월의 흐름과 따스한 느낌은 예나 지금이나 여전하다. 흙벽돌집은 더운 날씨엔 시원하고 추운 날씨엔 열을 밖으로 빼앗기지 않아 무척이나 따뜻하다. 그런 흙벽돌집에 누워 있으니 이곳 사람들이 살아가는 방식에 애정이 간다. 예전에는 누리끼리한 황토색을 썩 좋아하는 편이 아니었는데 튀니지를 여행하다 보니 황토색은 자연에 순응하는 색깔이라는 생각이 들어 왠지 모를 애정이 간다. 하늘과 누런 벽돌 건물 사이에서 멈춘 시간이 나를 과거로 데리고 간다. 황토빛 벽돌이 사하라의 푸른 하늘과 잘 어울리는 곳. 예전 사람들도 높이 솟은 첨탑을 보면서 신께 기도드리고 하늘과 대추나무, 그리고 이름 모를 새들과 더불어 살았을 것이다. 토주르 어디에서나 다 보이는 엘 파르쿠스 모스크El Farkous Mosque의 첨탑은 이들의 삶을 조용히 지켜본다. 언제나 바쁘게 돌아가는 사람들 사이에서 조금은 특별한 여행을 하게 되는 기쁨. 800여 년이 다 되어가는 낡은 집들과 구식 자동차들, 달구지를 끄는 사람들, 그리고 그 안에서 모든 것을 기억으로 담는 사람들. 울레드 엘 하데프Ouled el Hadef 는 다른 도시의 구시가지인 메디나보다 새로운 느낌을 준다.

오아시스 여행의 시작, 토주르

토주르Tozeur에서 할 수 있는 대표적인 관광은 산악지대 오아시스 세 군데를 돌아보는 '마운틴 오아시스 투어'와 '영화 촬영지 투어'이다. 마운틴 오아시스 투어는 자연이 만들어낸 장엄하고 멋진 협곡들이 있는 미데스와 크고 작은 오아시스가 있는 타메르자와 셰비카를 둘러보는 일정으로 우리에게 색다른 볼거리를 선사한다. 또한 이곳은 옹크 제말, 모스 에스파, 네프타 등으로 가는 영화 촬영지 투어의 출발지이기도 하다.

자동차 관광 비용은 차량 한 대를 기준으로 계산한다. 만약 혼자 차량을 렌털하게 되면 차량 한 대 값을 모두 내야 한다. 관광객이 많을 때에는 동행을 구하기 쉽지만 그렇지 않을 때에는 울며 겨자 먹기로 차 한 대의 비용을 내야 하는데 토주르에 있는 여러 군데 여행사를 돌아다니다 보면 동행을 운 좋게 만날 수 있으니 열심히 발품을 파는 것만이 돈을 아끼는 방법이다.

오아시스 탑 인근의 중심 거리에는 관광 안내소 역할을 하는 여러 여행사가 있다. 가격은 거의 대동소이. 차량의 상태나 기타 조건에 따라 조금씩 차이가 나지만 큰 차이는 없다. 셰비카, 타메르자, 미데스 이렇게 세 곳을 반나절에 둘러보는 코스는 일 인당 40~45디나르, 자동차 한 대는 140~160디나르 정도 한다. 투어는 오전 7시 50분 전후에 토주르에서 출발하여 11시 50분 정도까지 약 3시간 동안 진행된다. 옹크 제말, 모스 에스파, 네프타 등으로 가는 영화 촬영지 투어는 사막 한가운데 있는 영화 「잉글리시 페이션트」의 촬영지와 「스타워즈」 세트장(모스 에스파)이 포함되어 있어 관광객들이 즐겨 찾는 곳이다. 마찬가지로 투어 가격은 일 인당 40~45디나르, 자동차 한 대에 140~160디나르 정도 한다. 보통 오전에는 산악 오아시스 투어를 하고 오후에는 옹크 제말 등의 스타워즈 촬영지를 둘러보는 코스로 잡는데 하루 종일차를 타고 이동하기에 힘이 들어 1박 2일로 투어일정을 잡는 사람들도 있다.

▾ 오아시스 탑과 산악 사파리 출발을 위해 대기 중인 사륜구동 자동차

산악 오아시스 관광
타메르자, 셰비카, 미데스

토주르는 타메르자Tamerza, 셰비카Chebika, 미데스Mides의 산악 오아시스 관광의 시작점이다. 관광용 차량 주차장에는 수십 대의 사륜구동 차량이 운집해 있다. 자동차를 타고 한 시간 넘게 황량한 길을 달려가다 보면 어느새 주변 풍경은 불모지로 변한다. 한여름의 낮 기온은 이미 45도가 넘었고, 차 안은 에어컨을 틀어도 덥기만 하다. 차가웠던 생수병은 이미 뜨끈뜨끈, 차창도 열을 받아 뜨겁다. 이 정도 온도면 옆에 앉은 애인도 밀쳐내고 말 것 같다.

황량한 도로를 달리다 보면 모래 언덕이 보이고 땀 흘려 가꾼 농토에 모래가 침범하는 것을 막아주는 야트막한 울타리도 보인다. 그러나 사막은 야금야금 농경지를 모래로 덮어버려 울타리는 모래 가운데 서 있을 뿐이다. 사막은 비가 오는 며칠 동안 잠시 초록으로 덮이는 때가 있다. 짧은 우기 동안 사막의 풀과 꽃이 생명을 잉태하고 생명의 기운이 가득해지는 사이 사막은 새롭게 태어난다. 군데군데 물웅덩이와 파릇파릇한 풀, 파피루스 같은 식물이 보이다가 우기가 끝나면 키 작은 나무와 빛바랜 풀 몇 포기가 전부다.

대중교통으로는 관광하기 힘든 타메르자와 인근의 셰비카, 미데스는 알제리 국경 바로 옆에 위치해 있다. 가장 근접한 미데스는 알제리 국경에서 1km 떨어져

^ 라 그랑드 카스카드

ˇ 어린 목동이 능숙하게 양을 몰고 있다.

있는데 국경 쪽으로 가도 정작 국경을 지키는 군인들이 없다. 알제리 국경이 가까워지자 운전기사는 자꾸만 알제리로 넘어가자는 농담을 건넨다. 양옆은 이미 퇴적층의 선명한 붉은빛으로 가득 찼다. 두께만 보아도 수만 년은 족히 지났을 것 같은 지층이다.

주변 색깔이 옅은 모래색에서 점점 붉은색으로 확연하게 변화한다. 멀리서 회오리바람 같은 모래먼지가 하늘로 날아간다. 모래가 살아 있듯이 길을 가로질러 건너간다. 소름이 오싹 끼친다. 사막에는 생물이 살아 있는 것이 아니라 모래가 살아 있다. 모래언덕의 위치가 바뀌면서 모래가 살아 움직이는 듯한 착각에 빠진다. 평지가 끝나자 굽은 산길이 나타났다.

사막의 작은 폭포, 라 그랑드 카스카드

굴곡이 심한 도로 때문에 차량의 움직임에 따라 몸이 이리저리로 쏠린다. 군데군데 대추야자 나무와 오렌지 나무도 조금씩 보인다. 이곳에 물이 있다는 이야기다. 라 그랑드 카스카드^{La Grande Cascade}에 도착했다. 이곳은 타메르자 지역의 작은 폭포인데 물이 워낙 귀한 지역이라 이 정도의 폭포에도 '그랑드'라는 이름을 붙여놓았다. 건조한 산지로 둘러싸인 사막에 폭포가 있다는 것이 신기하다. 산에서 내려온 작은 개울이 절벽 쪽에서 폭포가 되어 떨어진다. 이런 척박한 곳에서 어떻게 물이 나오는지 궁금해진다. 이곳을 흐르는 물은 인근 지역의 농업용수가 된다.

웅덩이 옆으로는 어린 목동이 양에게 채찍질하며 걸어가는데 그 모습을 찍으려니 신경질적인 반응을 보인다. 사진 찍히는 것이 싫은 것 같다. 허락 없이 카메라를 들이대서 미안한 마음이 들어 계면쩍게 웃고 만다.

이 지역의 폭포는 수량이 많을 땐 두 줄기로 떨어지다가 건기가 되면 한줄기의 폭포로 모습을 바꾼다. 작은 폭포지만 다행스럽게도 물이 마르는 일은 거의 없다고 하니 그저 신기할 뿐이다.

산속의 오아시스, 셰비카

타메르자에서 약 10km 정도 가면 황량한 풍경 속의 푸름을 마주할 수 있는 산악 오아시스, 셰비카가 나온다. 이곳은 영화 「잉글리시 페이션트」와 「스타워즈」의 촬영지로 대추야자 나무가 가득한 계곡 덕분에 유명 관광지가 되었다. 셰비카는 세계 7대 오아시스 중 하나로 아름답고 멋진 풍경을 가지고 있다. 사막 오아시스와 달리 산악 오아시스의 풍경은 대체로 편안하고 아늑한 느낌이다. 튀니지에서는 끝없는 모래사막에서의 오아시스와 산악지대에 있는 오아시스 모두 만날 수 있다.

셰비카는 19세기까지 사하라 사막을 지나다니는 카라반의 주요 휴식처였고 그 외에도 대추야자 재배로 유명한 곳이다. 셰비카의 오아시스는 인근의 붉은색과는 다르게 녹색으로 가득하다. 계곡 사이로 대추야자 나무가 쭉 이어져 있기 때문. 물이 흐르는 개울을 중심으로 식물이 자라고 개구리가 헤엄치는 작은 연못이 있다. 개구리가 사는 물은 수질이 안 좋아 농업용수로만 쓴다고 한다. 사람들이 물이 흘러나오는 곳을 따라 계속해서 이동한다. 내려오는 사람에게 얼마나 더 가야 하냐고 물으니 다섯 손가락을 펴 보인다. 50m라는 이야기인지, 5분이란 말인지 알 수 없지만 좁고 가파른 개울 사이를 열심히 지나가기로 한다. 올라가고, 또 올라가도 끝이 보일 생각을 안 한다. 다시 한 번 물어본다. 그랬더니 바로 저기 야자수가 우거진 에메랄드빛 연못이 진짜 오아시스란다.

힘들게 도착한 오아시스 연못의 물은 매우 뿌옇다. 마치 우유를 풀어놓은 것 같다. 사진에서는 에메랄드빛이었는데 오아시스의 진짜 모습은 사진과 다르지만 그래도 아름답다. 인공적으로 만든 벽을 따라 물이 고여 있는 작은 연못에 물이 내려온다. 홍수로 이 근방이 황폐해진 이후, 튀니지 정부는 지하수를 개발해 오아시스에 물을 공급한다고 한다. 타메르자보다 수량이 풍부해 이 물로 대추야자와 오렌지 나무를 재배한다.

다시 왔던 길을 되돌아가는데 날씨가 더워 금방 지친다. 중간 중간에 사람들이 동굴을 가리키며 "씨네마 씨네마"라고 말한다. 아마도 이곳에서 영화 「잉글리시

▲ 산 속의 오아시스, 셰비카

페이션트」를 찍었다는 이야기일 테다. 이곳에서는 돌아오지 않는 알마시를 기다리다가 캐서린이 쓸쓸히 죽어간 장면을 촬영했다. 영화 속 슬픈 사랑을 탄식하듯 동굴은 찬란한 햇빛 속에서도 어두운 입을 다물지 않는다. 길가 좌판의 기념품 상인들이 사람들에게 이것저것 많은 상품들을 보여준다. 길 옆에 있는 커다란 나무 박스가 이들의 장사 밑천이다. 길가를 따라 박스가 늘어서 있는데 주인이 없는 것들은 열쇠가 채워져 있다. 발걸음을 재촉한다. 길가에서 보랏빛이 도는 돌을 1디나르에 팔고 있었는데, 이 돌은 주변 산에서 캐낸 수정을 가공한 것이라고 한다. 초등학생쯤 되어 보이는 한 무리의 아이들이 달려왔다. 한 손에

목걸이며 팔찌 따위를 들고 관광객들에게 다가온다. 장사꾼의 후손다운 폼이다. 아이들은 "원 달라! 원 디나르!" 하며 관광객 일행을 내내 쫓아온다. 대부분의 관광객들은 그냥 무시하고 지나가는데, 중년의 아줌마 관광객이 지갑을 연다. 개미 떼처럼 아이들이 그녀에게 몰려간다. 덕분에 아이들이 나를 귀찮게 하지 않으니 다행으로 생각했지만, 아줌마가 괜한 봉변이나 당하지 않을지 내심 불안하다.

아줌마는 아이들의 물건을 몇 개 고르더니 돈을 지불하고 나온다. 물건을 판 아이들의 얼굴에 웃음이 번진다. 그런 아이들의 모습이 나는 내심 안쓰럽다. 거창하게 어린이 노동을 이야기하지 않아도 많은 나라에는 아이들의 손을 빌려야만 살아갈 수 있는 어려운 사람들이 많이 있다. 제 밥값을 해야 살아갈 수 있는 아이들, 방목할 양이나 염소가 없으니 몸으로라도 뭔가를 해야 하는 것이다. 여행을 자주 다니다 보면 흔하게 접할 수 있는 풍경임에도 불구하고 어린 아이들이 이렇게 물건을 파는 모습은 좀처럼 익숙해지지 않는다. 그만큼 안타깝고 슬픈 현실이다.

길을 걷다 보니 입구 부근에서 휴게소를 겸한 매점을 발견했다. 오렌지 주스와 간단한 먹을거리, 그리고 비를 피할 수 있는 실내가 전부다. 이곳에서 파는 오렌지 주스는 직접 재배한 오렌지를 매점 한쪽 구석에 한가득 쌓아놓고 즉석에서 갈아 만든다. 관광객들이 많아 제법 장사가 잘 된다. 주스 한 잔을 시원하게 들이켜던 중에 갑자기 비가 내린다. 모래가 섞인 비에 놀란 사람들은 비를 피해 모두 실내로 대피하는데 십 분도 되지 않아 비가 또 그친다. 운전기사는 수건으로 차 위의 먼지를 조심스럽게 닦아낸다. 모래가 많아 유리에 상처가 많이 난다고 한다.

내려가는 길은 국경지대라 멀리 알제리의 땅이 보인다. 투어를 마치고 돌아오는 길은 매섭게 몰아치는 모래 바람을 뚫고 지나오는 강행군의 연속이다. 힘겹게 내려오다 보니 다행스럽게도 모래 바람이 그쳐 그 사이로 시야가 트이기 시작한다. 이곳 지리에 익숙한 베르베르족 운전기사는 맘껏 노련한 운전 솜씨를 뽐낸다.

미데스, 그 아찔한 협곡을 내려다보다

타메르자에서 멀지 않은 곳에 「잉글리시 페이션트」의 촬영지인 미데스 협곡이 있다. 미데스 협곡 인근에는 대추야자 나무가 계곡을 따라 자란다. 미데스 입구에는 관개수로를 이용한 대추나무와 오렌지 농장이 있다. 사람 사는 흔적이 거의 없는 마을 입구에는 관광객을 위한 작은 노점이 있을 뿐, 폭우로 무너진 마을은 폐허가 된 지 오래다. 산악 오아시스 투어에서도 점차 생략되고 있는 곳이라 관광객들의 발길이 많이 줄었다고 한다.

드디어 미데스 협곡 앞에 섰다. 이곳은 작은 그랜드 캐니언 같은 곳이다. 남아프리카의 음뿌말랑가에서 본 협곡과도 비슷하다. 깊숙하게 자리 잡은 협곡이 말 그대로 깎아지른 벼랑이다. 일부 사람은 협곡 바닥으로 내려가기도 하는데 위에서 보는 느낌도 좋지만 아래에서 보는 느낌도 좋을 것 같다. 누군가 소리친다. 메아리를 시험해 보나 보다. 금방 소리가 묻힌다. 불규칙한 표면이 소리를 잡아먹는다.

▲ 작은 그랜드 캐년 같은 미데스 협곡

협곡의 바닥은 「스타워즈」에서 주인공 아나킨 스카이워커가 상금을 걸고 경주선을 타 신나게 한판 경주를 펼친 곳 같은 느낌이다. '스타워즈 캐니언'이라 불리는 '시디 부 헬렐Sidi Bou Hellel'도 이와 비슷하다. 이곳은 영화 속의 여러 장면과 연결이 되는데 「잉글리시 페이션트」에서 비행기 추락으로 부상당한 캐서린을 안고 알마시가 동굴을 찾는 장면과 죽은 캐서린을 안고 동굴에서 나오는 장면을 촬영한 곳이다. 이곳에서 조금만 지나면 바로 알제리 땅이다. 땅에 별다른 표시도 없어 국경인지조차 알 수가 없다. 알제리는 바로 코앞이다. 참 이상하다. 국경이 이렇게 붙어 있어 별 감흥이 없다. 그저 인간이 인위적으로 그어놓은 선에 불과하단 생각이 머리 속을 스친다. 열강들이 자로 그어놓은 국경선은 단지 땅의 구분일 뿐 그 이상도, 이하도 아닌 것 같다.

홍수로 인한 폐허들

협곡 사이에 있는 오아시스인 타메르자 인근에는 마을이 있었으나 1969년에 내린 22일간의 폭우로 이곳에 있던 흙집들이 다 무너지고 폐허만 남았다. 타메르자뿐만 아니라 마트마타 등도 모두 비 피해를 보았다. 배수 시설이 없었기에 22일간의 강우는 공포 그 자체였을 것이다. 급격하게 불은 골짜기의 물이 모든 것을 쓸어버렸다. 폐허로 남아 있는 집터를 보면 그날의 끔찍한 모습이 생생히 그려진다.

영화 속 촬영지
옹크 제말, 모스 에스파, 네프타

낙타의 목, 옹크 제말

토주르에서 출발하는 영화 촬영지 여행은 낙타의 목을 닮은 옹크 제말[Onk Jemal]과 모스 에스파[Mos Espa], 그리고 네프타[Nefta]를 하나로 엮은 여행 상품이다. 가격은 1인당 40~45디나르로 사륜구동 자동차를 이용한다. 토주르를 빠져나와 모래사막을 가로질러 한 시간 정도 달리면 쇼트 엘 가르사[Chott El Gharse]의 소금사막을 만나게 된다. 쇼트 엘 가르사는 비가 오는 시기에는 물이 고여 호수가 되고 나머지 건기에는 마른 사막으로 변해버린다. 마치 우기에 와디[Wadi]에 물이 흐르는 것과 비슷하다. 자동차 바퀴 자국만 있는 사막이 햇빛에 반짝인다. 기사의 말로는 수정 원석이 반짝거리는 거라 하는데 상인들은 이 수정을 채집해 관광지에서 팔기도 한단다. 다시 한참을 달리다 보면 붉은 소금사막 위로 「잉글리시 페이션트」의 배경이 되었던 옹크 제말이 나오게 된다. 옹크 제말은 '낙타의 목'이란 뜻으로 풍화된 바위가 마치 낙타의 목을 닮아 붙여진 이름이다.

옹크 제말을 옆에서 보면 웅크리고 있는 낙타의 머리와 몸같이 생긴 언덕을 볼 수 있다. 옹크 제말에 거의 도착하자 운전기사는 괜히 다른 말을 하면서 주의를

˄ 낙타의 목을 닮은 옹크 제말

233

▲ 옹크 제말의 기념품 가게

끈다. 갑자기 자동차가 내리막길로 달린다. 롤러코스터처럼 속도를 내며 내려가니 그 스릴에 다들 소리를 지르고 난리다. 운전기사는 그런 관광객들의 반응에 재미있다는 듯 웃을 뿐. 이것이 운전기사가 선사하는 옹크 제말의 특별한 서비스란다.

그렇게 한참을 달리다 기념품 가게가 있는 곳에서 차를 멈춘다. 사람들은 내려서 옹크 제말로 향한다. 탁 트인 사막의 붉은 경치가 멋진 곳이다. 드라이버는 이곳이 영화 「잉글리시 페이션트」의 촬영지라고 말해준다. 이번 튀니지 여행을 위해 준비한 것 중 하나가 바로 영화 보기였다. 「스타워즈」와 「잉글리시 페이션트」등 튀니지에서 촬영된 영화를 미리 보고 이곳에 왔다. 이전에 튀니지에 왔을 때는 정보가 부족한 상태로 이곳을 돌아봐 아쉬운 점이 남아 있던 터라 이

번에는 관련 자료를 찾아보며 철저한 사전 준비를 하였다. 아는 만큼 보인다는 말이 실감 난다. 옹크 제말의 황량한 주변 모습은 영화 「잉글리시 페이션트」에서 캐서린과 알마시가 경비행기에서 내려다본 장면이 연상되어 아름답고 처연한 느낌이다. 「잉글리시 페이션트」에서는 이곳이 국제지리학회팀들이 사막지형을 조사하는 데 필요한 지도를 만들기 위해 캠프를 차린 곳으로 나온다. 이뿐만 아니라 제프리(콜린 퍼스 분)와 캐서린(크리스틴 스콧 토마스 분)이 경비행기를 타고 착륙하는 장면에 나오며 또 알마시(랠프 파인스 분)가 베르베르족의 노인에게 여인의 등자락을 닮은 동굴에 대해 물어보는 장면, 밤에 모닥불을 피워놓고 둘러앉아 노래를 부르고 이야기를 하던 장면 등이 여기서 촬영되었다. 옹크 제말은 「잉글리시 페이션트」 이외에도 「스타워즈 에피소드1」과 「스타워즈 에피소드4」에서 나온 사막과 마을 장면을 촬영한 곳이다. 광활한 사막과 바위산, 오아시스, 협곡이 만들어내는 풍경은 가히 장관이다. 사하라 사막이 시작되는 곳이기도 하고, 토주르와 1시간 거리로 교통이 편리해 아마 사막 장면을 찍기에는 최적지였을 것이다.

금아 피천득 선생은 '돈이나 재물이 많은 사람이 부자가 아니라 추억이 많은 사람이 부자'라고 했다. 비록 영화 속 주인공이 될 수는 없더라도 그들의 흔적을 따라 이렇게 여행을 하며 아름다운 추억을 쌓고 있으니 어쩌면 나도 내 삶의 부자라고 말할 수 있지 않을까. 영화 속 한 장면을 되뇌이며 옹크 제말을 걷다 보니 영화를 찍기 위해 전 세계를 돌아다니며 장소를 물색하는 사람들의 대단한 안목에 감탄이 터져 나온다.

▼ 스타워즈의 배경인 모스 에스파

스타워즈의 배경, 모스 에스파

조지 루카스 감독은 튀니지를 「스타워즈 에피소드1」부터 「스타워즈 에피소드4」까지 중요한 배경지로 활용했다. 모스 에스파에는 스타워즈 세트장이 남아 있는데 모래사막 한가운데 펼쳐져 있어 신비한 분위기를 자아낸다. 시리즈 중 첫 번째 에피소드에서 제다이 기사 '콰이곤 진' 일행이 고장난 우주선 부품을 구하려고 타투인 행성의 마을에 들렀다가 신비한 능력을 지닌 소년 아나킨을 만나는 장면의 배경이었다. 네 번째 에피소드에 등장했던 주인공 루크 집 마당의 커다란 위성 안테나 2개가 서 있는 입구를 지나면 아나킨 스카이워커의 주인인 와토의 만물상이 보인다. 영화 스태프들이 만든 외계마을 세트장은 시간이 오래 지나면서 보수 작업을 간간이 했지만 처음 만들어졌던 때보다 보존 상태가 무척이나 나빠져 아쉬운 마음이 든다. 세트장에는 영화 속 집들과 위성 안테나를 비롯한 영화 소품들이 덩그러니 남겨져 있다. 쇠락한 세트장을 기반으로 살아가는 기념품 행상과 경비원은 아무 표정 없이 자리를 지키고 있고, 세트로 만들어진 집은 오랜 시간이 지난 탓에 모래 바람에 쓸리며 곳곳에 모래가 잔뜩 쌓였다. 세트장은 바람과 모래에 부서지고 한편에서는 복원 공사가 진행 중이지만 비용 문제 때문에 진행이 더뎌 방치된 느낌이 물씬 난다.

신화의 마을, 네프타

네프타는 토주르에서 남쪽으로 23km 정도 떨어진 작은 오아시스 마을로 「스타워즈」 촬영지에서 토주르를 가면서 들르는 곳이다. 이곳에는 거대한 웅덩이 같은 오아시스가 있는데 주변으로는 모래가 미끄러져 들어오지 않게 대추야자잎으로 울타리를 쳐서 오아시스를 보호하고 있다. 물이 흐르는 주변으로는 대추야자 나무가 자라고 있어 전형적인 오아시스 마을임을 알 수 있다. 노아의 홍수 이후 땅으로 나온 노아의 손자가 네프타를 세웠다는 신화가 전해진다. 또한 이

▲ 모스 에스파의 쇠락한 스타워즈 세트장

▲ 네프타의 오아시스 전경

곳이 대홍수 이후 처음 발견한 땅이라는 전설과 더불어 터키의 아라라트 산에서 노아의 방주로 추정되는 물체가 발견되었다는 이야기는 이성적으로 생각해 보자면 노아의 방주 이후 처음 발견된 땅이라는 네프타가 그곳과 너무 멀리 떨어져 있는 것은 아닐까. 아마도 이런 전설이 있는 이유는 네프타가 이슬람 시아파의 신비주의 신념인 수피즘이 생겨난 성지라는 이유일 것이다. 우리는 수피즘의 성지라 신화에 언급될 만큼 중요한 땅이라는 의미로 받아들이면 될 것 같다. 그러나 사실 이곳은 마을 가운데 커다란 오아시스가 있다는 것 외에는 크게 내세울 것이 없는 곳이다. 토주르와 마찬가지로 흙벽돌로 지은 오래된 집들이 보존되어 있다.

이곳과 케빌리 주민 중에는 흑인이 있는데 그들은 알게 모르게 인종차별을 받고 있다. 300여 년 전에 노예 생활을 했다는 이유 때문이다. 예전에 이곳에는 사막을 건너 팔려온 노예 시장이 있었다고 한다. 이슬람의 교리는 사람들을 차별하지 않는다고 하지만 이들도 과거 노예제도 때문인지 노골적이지는 않아도 은연중에 인종차별이 아직 남아 있다. 네프타의 모스크는 6세기 이전까지 가톨릭 성당으로 사용되다가 투르크 제국의 지배 이후 모스크로 사용된 굴곡진 역사를 가지고 있다.

붉은 도마뱀 기차
레자르 루즈

붉은 도마뱀 기차 레자르 루즈^{Lezard Rouge}는 이름만 들으면 마치 사막에 사는 붉은 도마뱀을 보러가는 기차인가 싶지만 도마뱀과는 전혀 관계없는 붉은색의 관광 기차다. 메틀라위^{Metlaoui} 역에서 레데예프^{Redeyef} 계곡 사이의 타베디트^{Tabeditt} 구간을 왕복하는 기차는 셀자 협곡^{Gorges de Selja}의 장대하고 멋진 풍경을 보기 위해 운행하는 관광 열차이다. 셀자 협곡은 인근의 미데스 협곡이나 타메르자 같이 사막 깊숙이 자리하고 있는 사암 골짜기다. 원래는 레데예프의 노천 광산에서 나는 인광석을 옮기기 위해 만든 철도로 운영하다가 셀자 협곡을 보러 온 관광객들의 호응이 좋아 아예 메틀라위에서 셀자 협곡과 레데예프 협곡이 있는 타베디트를 왕복하는 관광 열차로 운행하게 되었다.

붉은 도마뱀 기차는 성수기에는 미리 예약해놓지 않으면 아예 탈 수가 없을 정도로 인기가 높다. 처음에는 1955년 튀니지 독립 후 당시 튀니지 왕가의 여름 휴양 별장으로 가는 용도로 사용되다가 1996년경 튀니지 철도청에 기부되었다고 한다.

붉은 도마뱀 기차를 타려고 준비를 한다. 아침을 잘 챙겨먹고 메틀라위 역으로 이동한다. 메틀라위 역은 튀니지 특유의 파란색과 흰색으로 칠해져 있는데, 우

^ 붉은 도마뱀 기차의 내부

< 거대한 협곡 사이를 지나는
붉은 도마뱀 기차

리의 시골 간이역 마냥 소박하다. 철로에는 기관차 없이 객차만 덩그러니 서 있다. 객차도 5량밖에 되지 않는다. '붉은 도마뱀 기차'라는 별명을 가진 이유는 빨간 기관차와 짙은 적갈색의 객차 때문이다. 그래서 붉은 도마뱀 기차라고 이름을 지은 것인데, 누가 지었는지 센스만점이다.

다들 기차 밖에서 서로 웃으며 사진을 찍는다. 붉은 도마뱀 열차에 붙어 있는 위엄 있는 왕가의 휘장을 보자. 기차 여행에 대한 기대로 가슴이 설레기 시작한다. 차장의 출발 신호에 사람들이 기차에 탑승하고 곧 기차가 출발한다. 주변 풍경이 조금씩 변하기 시작하니 관광객들은 이를 놓칠세라 하나둘씩 객차 사이의 연결 통로로 나온다. 객차는 마치 응접실 같은 모습으로, 우리가 생각하는 기차의 내부와는 사뭇 다르다. 각 객차마다 의자의 형태나 종류가 다른데, 상류층이 앉았을 것 같은 소파가 있는 객실, 안락의자가 있는 객실, 심지어는 일반인이나 시종들을 위해 마련된 것 같은 나무 의자가 있는 객실도 있다.

기차가 덜커덩 소리를 내면서 달린다. 편안함은 기대하지 않는 것이 좋을 것 같다. 오늘 탄 손님들은 거의 다 서서 이동하고 아이들은 부모와 함께 앉아 뭐가 그리 재미있는지 연신 웃음꽃을 피운다. 작은 객차 내에 좌석도 몇 개 없거니와 서서 구경하는 것이 잘 보이니 다들 창밖으로 머리를 삐죽 내밀고 있다. 아까 플랫폼에서 담배를 피우던 유럽 아줌마는 맥주 한 캔을 꺼내 마신다.

기차는 터널을 지난다. 주변의 풍경이 점점 변해가다 마침내 주변의 계곡이 보인다. 계곡은 인광석 때문에 물빛이 검다. 멀리 계곡을 굽이굽이 흘러온 회색빛 물이 계곡 사이로 흘러내리고 있다. 이런 멋진 광경은 열차가 셀자 협곡의 좁고 깊은 계곡 사이로 들어가자 절정을 이룬다. 터널을 한 번 더 지나니 오른편으로 탁 트인 황무지가 나온다. 계곡 사이의 개활지로 사람이 살았던 흔적들이 보이는데 지금도 이곳에 사람이 사는지는 알 수 없다. 황무지에 넋을 놓고 있다 보니 어느 순간부터 본격적인 셀자 협곡이 시작됐다. 셀자 협곡의 심장부인 사암의 벽이 보이는데 가까이에서는 이곳을 제대로 볼 수 없어 뒤쪽으로 쭉 물러나니 협곡의 모습이 한눈에 보인다. 셀자 협곡을 흐르는 물은 광산 때문인지 여전히 진흙빛이다.

길고 짧은 몇 개의 터널을 지날 때마다 터널 안에는 디젤 엔진의 기관차에서 내뿜는 심한 매연으로 매캐해진다. 대부분 객차의 창문을 열어놓았지만, 관광객들은 별로 개의치 않는다. 아프리카라 이 정도는 용서한다는 것일까? 그저 다들 흥겨울 뿐이다. 저 멀리 타베디트의 노천 광산이 보인다. 광물 운반 열차가 눈에 익다. 태백, 제천에서 봤던 광물운반열차들의 모습이 그 위에 덧입혀진다. 뒤쪽에는 돌무더기가 산처럼 쌓여 있다. 철로는 레데예프까지 이어져 있고 하루에 한 차례 메틀라위에서 레데예프까지 운행하지만, 관광 열차는 이곳 타베디트Tabeditt에서 멈춘다. 붉은 도마뱀 기차는 왕복 운행이지만 여행사에서 예약한 관광객이 대부분이라 메틀라위에서 타베디트까지만 편도로 관광을 하고 셀자 협곡 인근에서 바로 셰비카와 미데스, 타메르자 등으로 바로 이동한다. 이렇게 예약을 하면 모스 에스파 스타워즈 세트장과 옹크 제말까지 하루에 전부 둘러볼 수 있다. 관광객들에게 시간은 돈 주고도 살 수 없으니 그렇게 부지런을 떨어보는 것도 좋을 것이다.

☪ Travel tip

붉은 도마뱀 기차

주 3회 운행으로, 월요일·금요일·일요일에 운행을 한다. 다만 예약자가 적으면 운행하지 않는다는 단점이 있으므로 비수기에는 당일 아침에 운영 여부를 확인해보아야 한다. 숙박하는 호텔에 문의하거나 여행사에 문의하는 것이 편리하며 패키지 요금은 50디나르, 여기에는 붉은 도마뱀 기차와 산악 오아시스 투어가 포함되어 있다.

▲ 붉은 도마뱀 기차는 몇 개의
  짧은 터널을 지난다.

셀자 협곡의 모습 ▶

소금호수
쇼트 엘 제리드

두즈에서 케빌리^{Kebili}를 거쳐 토주르로 가는 길에 말라버린 거대한 소금호수가 펼쳐진다. 우기에는 물이 고인 호수가, 건기에는 소금사막이 되는 쇼트 엘 제리드^{Chott El Djerid} 호수다. 위성지도를 살펴보면 호수 모양을 선명히 볼 수 있는데 바다 쪽의 좁은 병 모양 지형이 변화하여 소금호수가 되었다.

끝없는 지평선에 펼쳐진 광활한 땅 반대편으로는 멀리 산들이 야트막하게 보인다. 이곳은 영화「스타워즈 에피소드4」의 주요 촬영지였다. 오비완 케노비는 평범한 농부의 삶을 살던 주인공 루크 스카이워커에게 악의 제국을 무찔러야 한다고 말하며 '죽음의 별' 설계도를 공주의 명을 받아 전달하는 일을 하자는 제안을 한다. 루크가 오비완 케노비의 말을 듣고 고민하던 장소가 바로 이곳이다.

영화에서의 상황은 모 아니면 도의 상황이다. 선택을 강요하는 극적 긴장감을 높여 갈등을 조장한다. 자신의 모든 삶을 포기하고 제다이의 삶을 살 것이냐, 아니면 지금까지 살던 타투인 행성에서 평범한 삶을 살 것이냐의 선택의 기로에 섰을 때 배경이 되었던 곳. 그가 고민하며 혼자 걷던 곳이 바로 쇼트 엘 제리드 호수의 말라버린 소금 바닥이다. 그는 결론을 내지 못해 계속해서 고뇌에 빠지게 되고, 이 모습을 표현한 장면이 영화에서 상당히 중요하게 나오는데 이런

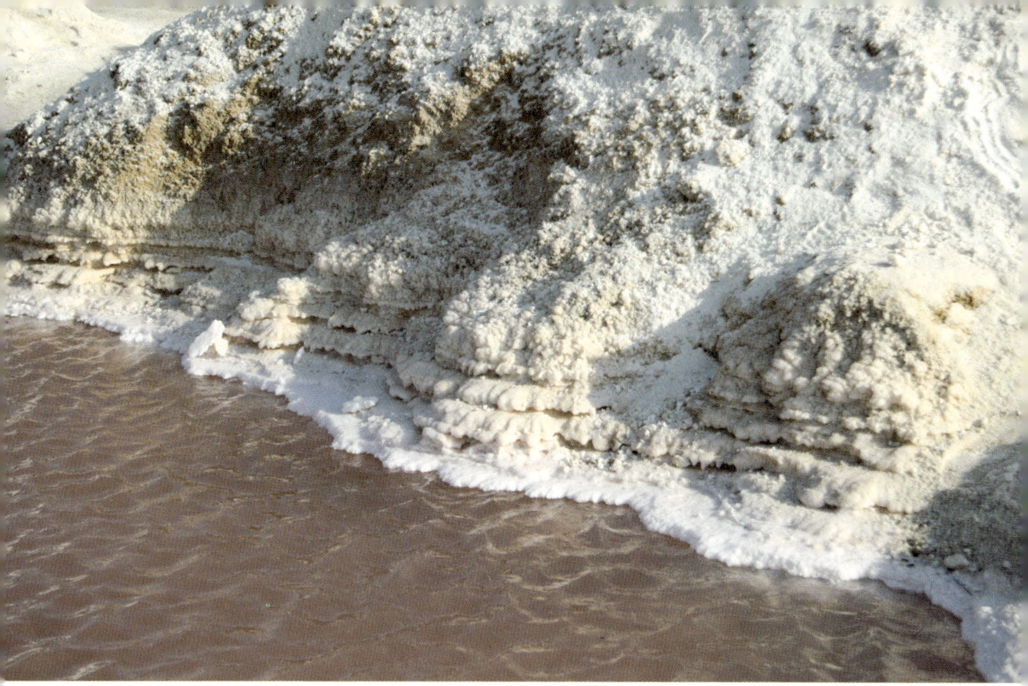

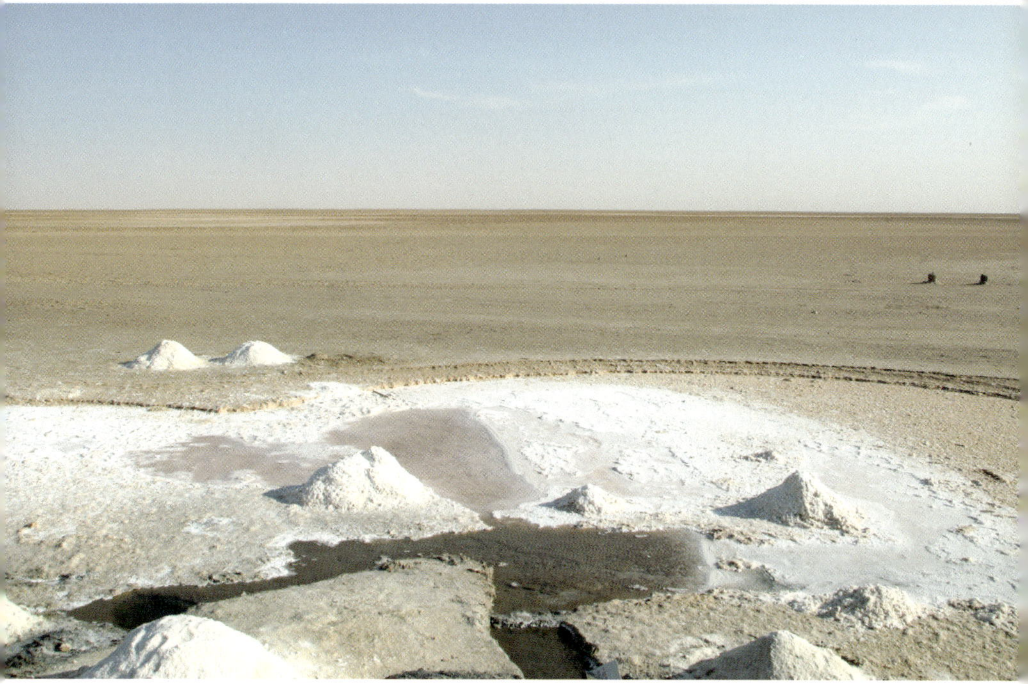

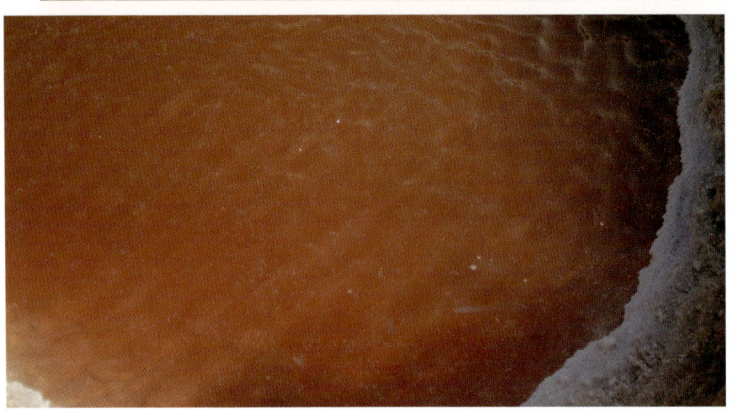

◈ 사하라 사하라

그의 고민은 하늘에 두 개의 태양이 떠 있는 모습으로 표현된다. 마치 하늘에는 두 개의 태양이 있을 수 없고, 절대 권력도 두 개일 수 없다는 것을 의미하듯 두 개의 태양 아래 고민하는 루크는 결국 이 일에 동참하기로 결심한다. 태양이 두 개라는 것이 쇼트 엘 제리드에서는 이해가 된다. 순전히 바람과 태양만으로 소금을 만드는 곳이니 주인공의 힘겨운 고민을 나타내는 배경으로 이곳은 최적의 장소였을 것이다.

사하라 사막이 상상도 할 수 없을 만큼 넓은 모래의 바다라면, 쇼트 엘 제리드는 말라버린 거대한 소금의 호수다. 지각변동에 의해 바다였던 곳이 육지가 되고, 고여 있던 바닷물이 증발하면서 식물조차 자랄 수 없는 소금 평원으로 변했다. 이곳에선 지평선과 하늘이 맞닿아 있어 끝없이 펼쳐진 공간엔 그저 땅의 경계만이 있을 뿐이다. 소금호수를 가로지르는 길 한가운데 차를 세운다. 먼지와 함께 불어오는 뜨겁고 건조한 바람. 소금호수라고 생각하니 짭짤한 소금 맛이 느껴지는 것 같다. 아무것도 없는 도로 한가운데 작은 건물이 중간에 보이고 화장실 하나가 이곳이 휴게소임을 말해주고 있다. 이곳에서 나는 소금 덩어리들을 포장한 것과 입자가 고운 가루소금을 포장해놓은 것이 보인다. 주변에는 군데군데 소금 조각품도 있다. 자세히 보니 솜씨가 꽤 훌륭하다. 공기 중에 습기가 적어 소금 조각들이 오랫동안 형태를 유지할 수 있는 것인데, 이것을 한국으로 가져온다면 습기 때문에 바로 형태가 무너질 것이다. 소금 조각품을 구경하고 밖을 나서니 하얀 소금호수의 말라버린 바닥이 끝도 없이 뻗어 있다. 햇빛에 반사된 소금호수가 눈부시다. 이곳에서는 선글라스가 없으면 견디기 힘들다.

길옆으로 내려가 본다. 하얀 소금이 발에 밟힌다. 조금 더 걸어가니 붉은색의 소금물이 고여 있는 걸 볼 수 있었다. 두꺼운 소금층 옆에는 옅은 붉은빛 소금이 쌓여 있다. 여기 소금에는 각종 미네랄이 풍부해 인기가 많아 여러 나라로 수출 된다고 한다. 짐에 여유가 있으면 한 봉지 샀으면 하는 생각이 든다. 이 소금으로 김장을 하면 김치에서 튀니지와 사하라의 맛이 날지도 모를 일이니까.

소금사막 한가운데 작은 배가 한 척 보인다. 배 위에 튀니지 국기가 펄럭이고 있다. 불어오는 세찬 바람에 깃발의 끝이 다 헤졌다. 누군가가 호수에 어울리는 장식으로 가져다 놓은 것인지 아니면 사용하던 배인지 알 수 없지만, 이곳을 배경으로 사진을 찍어본다. 강한 햇빛과 반사되는 바닥 때문에 과다노출로 사진이 하얗게 나온다. 카메라의 노출을 조정해 다시 렌즈를 갖다 댄다. 다른 한 무리의 외국 관광객들은 이곳을 배경으로 다들 사진을 찍고 있는데, 하얀 소금호수와 형형색색의 옷을 입은 사람들이 무척이나 잘 어울린다. 이 배는 다시 바다 위를 떠다닐 꿈을 꾸고 있을까? 광활한 소금호수와 외롭게 있는 작은 배 한 척. 잘 어울리는 배경이다. 과거의 향수 같은 애잔함까지 느껴지며 아련한 풍경이 아직도 선하다. 뺨을 스치는 뜨겁고 건조한 바람의 감각이 선명하게 느껴진다. 사하라 사막처럼 강렬했던 기억은 또 다른 기억의 착각을 만들어낸다.

끝없이 펼쳐진 소금사막 위에 서 있다 보니 인간이 얼마나 작은 존재인지 새삼 느껴진다. 소금사막을 배경 삼아 성찰의 시간을 가진다. 위인들은 사막이나 광야에서 혼자만의 시간을 통해 큰일을 준비했다. 나중에, 시간이 너무 가기 전에 이런 광야에서 살고 싶다는 생각이 든다. 오래는 말고 내가 지치고 힘들 때 이곳에서 잠시 머물면 좋을 것 같다는 생각. 이슬람의 금식 기간인 라마단을 사막에서 혼자 생활하며 보내는 무슬림이 있다고 하는데, 그는 그 시간을 통해 초심으로 돌아가 인내와 극기를 다진다고 한다. 언젠가는 그런 생활을 해보고 싶다. 쇼트 엘 제리드는 짧게 머물렀음에도 불구하고 많은 것을 던져주는 곳이다.

▲ 소금사막 한가운데 덩그러니 놓여있는 배 한 척

▲ 광활한 소금사막의 전경

INSIDE Tunisia

튀니지 사람들의 다리 역할을 하는 루아지

루아지 *Louages*는 튀니지의 독특한 대중교통 시스템으로 우리의 고속버스와 시외버스를 합쳐놓은 것 같다. 사용하는 차량은 9인승 승합차. 우리가 흔히 봉고버스라고 하는 푸조나 미쓰비시의 승합차를 사용하는데 튀니지 사람들은 지역 간 이동 시에 주로 루아지를 이용한다. 이는 루아지가 튀니지의 시외버스의 역할을 해내는 합리적인 운송 시스템이기 때문이다.

루아지는 '임대'라는 뜻으로 운전자를 제외하고 8명의 정원이 차야 출발한다. 튀니스에서 지방 도시로 이동할 때 매우 편리하다. 루아지의 정해진 출발 장소인 루아지 스테이션이 있는데 보통 버스터미널 인근에 있어 찾기 매우 쉽다. 루아지 승합차의 뒷자리에 캐리어나 배낭 같은 짐을 무료로 실을 수 있고 이동 노선 어디든 자신이 원하는 곳에 내려준다. 버스에 비해 저렴하고 빠른 교통수단으로, 많은 튀니

지 사람들의 사랑을 받고 있다. 루아지의 단점으로는 푸조같이 작은 승합차는 앞뒤 자리가 좁아 움직이기가 어렵고, 8명 정원이 채워져야 출발하기 때문에 장거리는 손님이 찰 때까지 기다려야 한다는 점이다. 그리고 장거리의 경우는 큰 도시 위주로 왕복을 해서 작은 도시로 가려면 루아지를 다시 갈아타야 한다. 사람이 1~2명 덜 채워진 경우는 각자 1디나르를 더 내고 출발하기도 한다. 사람이 적은 지방 도시는 오후 늦은 시간엔 운행하지 않아 장거리 이동 시에는 조심해야 한다. 루아지는 색깔로 구분할 수 있는데 장거리 노선은 루아지 차에 빨간색 줄이 있고, 50km 미만의 인근 도시를 가는 것은 파란색 줄, 인근 지역을 다니는 것은 노란색 줄이 있다.

루아지의 좌석 배치는 작은 차량인 경우 3-3-3, 큰 승합차는 2-2-2-3으로 구성되어 있는데 앞줄은 남자, 중간 줄은 여자, 그리고 제일 뒷줄은 남자들이 앉는 것이 암묵적인 좌석 배치라 할 수 있다.

수도 튀니스에는 세 군데의 루아지 스테이션이 있다. 밥 알리와 **Bab Alioua** 스테이션은 하마메트, 나불, 케르크완 등을 가는 루아지가, 몽세프 베이 **Moncef Bey** 시장에 있는 루아지 스테이션은 수스, 카이로완, 스팍스, 엘젬, 타타윈 등으로 가는 루아지가 선다. 북부에 있는 밥 사둔 **Bab Ssadune** 스테이션은 비제르트, 베자, 타바르카 등의 북부 지역으로 간다. 루아지 스테이션에 가면 루아지 운전기사가 큰소리로 목적지를 부른다. 자기가 원하는 곳을 말하면 잘 알려준다. 큰 루아지 스테이션에서는 미리 표를 사기도 하고 탑승 후에 내는 경우도 있다. 바가지요금의 염려가 없다. 루아지 스테이션의 위치를 물어볼 때는 "마핫따 루아지 스타숑?"이라고 하면 된다. 예를 들어 밥 알리와 루아지 스테이션을 가려면 "마핫따 루아지 밥 알리와?"라고 하면 된다. 그리고 루아지와 비슷한 것으로 합승 택시가 있는데 이는 4명이 타야 출발하고, 인근 지역으로 가거나 작은 마을에 갈 때 주로 이용한다.

INSIDE Tunisia

소머리가 걸려 있는 튀니지의 정육점

재래시장에 있는 정육점에는 가게 앞에 커다란 소머리가 걸려 있다. 가끔 피도 뚝뚝 떨어진다. 비위가 약한 사람은 이를 보고 기겁할 테지만 이것은 갓 도축해서 들어온 신선한 소고기가 있다는 것을 의미한다.

이런 문화에 익숙하지 않은 사람이 보기에는 혐오스러울 수 있지만 얼마나 직관적인 광고인가. 낙타머리, 양머리, 염소머리 옆에 잡은 고기를 같이 걸어놓아 소비자들이 직접 눈으로 확인하게 한다. 자신이 파는 고기에 대한 자신감인 것이다.

또한 내장 부위를 갈고리에 걸어놓기도 하는데 이것 역시 신선한 부위를 판다는 것을 의미한다. 그리고 정육점 옆에 걸어놓은 소머리

의 입과 코에는 꽃이나 풀을 끼워놓는데 이유가 궁금해서 물어보니 단지 데커레이션일 뿐이라는 말에 웃음이 나온다.

정육점에 냉장고가 없으면 고기를 어떻게 보관할까? 튀니지는 기후가 건조해서 냉장고 없이 상온의 갈고리에 걸어놓아도 고기가 상하지 않는다. 이슬람의 율법인 할랄**Halal** 방법에 따라 피를 제거한 육류는 내장을 빼서 걸어놓으면 건조한 기후에 말라버려 더 이상 상하지 않는다고 한다. 이런 육류 보관법은 북아프리카 마그레브 지역에서 공통으로 사용하는 방법이기도 하며 동부 아프리카의 케냐, 탄자니아, 우간다 등지의 시골 정육점에서 고기를 보관하는 방법이기도 하다.

물론 도시의 정육점에서는 냉장 보관이 보편적이긴 하지만 아직도 고기를 상온에서 보관하는 전통적인 보관법을 사용하는 데도 많다고 한다. 냉장고 없이 고기를 보관한다 해도 상하지 않아 식중독도 문제없다는데, 당신도 한번 믿어볼 텐가?

Part
5
튀니지 좀 더 알기

튀니지 좀 더 알기

✚ 튀니지는 어떤 곳일까?

국명	튀니지 공화국 [*Tunisia, Republic of Tunisia*]
면적	163,610㎢ 세계 89위
인구	1,090만 명(2014년)
수도	튀니스(인구 230만 명)
인종	아랍인(98%), 베르베르인(1%), 기타(1%)
언어	아랍어, 프랑스어
종교	이슬람교(99%), 유대교, 가톨릭 등
정체	공화국
국가원수	베지 카이드 에셉시*Beji Caid Essebsi*(2014년 12월 당선)
시차	한국보다 8시간 느림(서머타임 없음)

✚ 튀니지 역사의 한 축, 재스민 혁명 Jasmine Revolution

2011년 '아랍의 봄'을 일으킨 혁명을 튀니지의 국화인 재스민에 빗대어 '재스민 혁명'이라 부른다. 재스민 혁명은 2010년 12월 17일 튀니지 중부 도시 시디 부지드*Sidi Bouzid*에서 청과물 노점상으로 생계를 이어가던 26세 청년 모하메드 부아지지*Mohamed Bouazizi*가 경찰 단속에 항의하며 휘발유를 몸에 붓고 분신자살을 기도한 사건으로 촉발되었다. 그의 사촌이 촬영한 분신 당시의 동영상이 퍼지면서 그의 가족과 민중들의 항의 시위가 벌어졌고 경찰과 시위대의 충돌로 2명이 사망하는 사건으로 격화되었다.

2011년 1월 5일에는 모하메드의 장례식이 치러졌고, 이후 중서부 도시인 케서린에서 정부청사, 경

찰서, 은행에 화염병을 투척하는 시위로 발전하며 경찰의 저지와 발포로 사망자 50여 명이 발생했다. 이것은 만성적인 실업과 인플레이션으로 고물가에 시달려온 주민들의 저항으로 확산되었다.

2011년 1월 11일, 수도 튀니스로 확대된 시위 진압 과정에서 경찰 발포로 8명이 사망하는 등 사태가 악화되자 정부는 국가비상상태를 선포하고 야간 통행금지와 인터넷 검열 등의 조치를 발표했다. 1월 14일에 노조의 파업이 시작되며 벤 알리 대통령의 퇴진 시위는 전국적으로 확산되었다. 벤 알리 대통령은 1월 14일 오후, TV방송을 통해 2014년 대선 불출마를 발표하고 내각 해산 후 조기 총선 실시 등의 유화책을 내놓았으나 국민들의 퇴진 요구를 막기에는 역부족이었다. 결국 그날 밤 그는 사우디아라비아로 망명했다.

SNS와 언론을 통해 전 세계로 재스민 혁명에 관한 뉴스가 확산되면서 튀니지 시민혁명은 리비아, 이집트, 시리아, 예멘 등의 아랍 전역을 휩쓸었다. 재스민 혁명은 '아랍의 봄'을 촉발시켰지만 튀니지를 제외한 나라들은 제대로 된 민주화를 이루어내지 못했다. 이후 3년간의 과도정부 체제를 거쳐 2014년 1월 새로운 헌법이 제정되었고, 세속주의 성향의 원로 정치인인 베지 카이드 에셉시*Beji Caid Essebsi* 후보가 창당한 니다튀니스(튀니지당)는 10월 총선에서 전체 217개 의석 중 정당별 최다인 85석을 얻었다. 그리고 2014년 12월에 실시된 대통령 선거에서 베지 카이드 에셉시 후보가 대통령에 당선, 12월 31일에 취임하였다.

+ 튀니지 여행 정보

* 화폐
화폐는 '디나르'이며 환율은 1디나르당 600~700원 사이이다. 보조단위는 밀림으로 동전을 사용한다. 지폐는 5, 10, 20, 50 단위의 디나르가 있고, 동전은 1, 5 단위의 디나르, 10, 20, 100, 500 단위의 밀림(1디나르=1,000밀림)으로 이루어져 있다.

* 무비자 체류
한국과 튀니지 간 입국사증면제협정으로 30일 무비자 체류가 가능하나 튀니지 이민법에 따라 총 90일 동안 무비자 체류가 가능하다. 단, 입국을 위해서는 왕복 항공권이 필요하다.

* 외국인 여행객 출국세 제도

튀니지 정부는 2014년 10월 1일부터 튀니지를 방문하는 모든 외국인 여행객을 대상으로 출국세를 징수한다. 출국세 인지 스탬프 구입 후 여권에 붙여 출국심사를 받아야 한다. 스탬프 위에 출국 도장을 찍으므로 반드시 출국세 스탬프를 구매해야 한다. 출국세 스탬프 금액은 30디나르이며, 스탬프는 공항 내 환전 은행에서 구입하는 것이 편리하다. 그 외에도 호텔, 여행사, 은행, 세관사무소, Tabac 등에서 구입할 수 있다.

* 신용카드와 휴대폰 사용

튀니지에서는 신용카드 사용이 가능하다. ATM기에서 현금 인출도 가능하지만 지방으로 내려가거나 튀니지 상점 중 카드 결제기가 없는 곳도 많이 있어 사전에 확인을 해야 한다. 스마트폰 사용은 한국에서 사용하던 스마트폰을 현지에서 유심칩만 갈아 끼운 후 사용하면 된다.

* 튀니지의 엄격한 외환관리

튀니지는 외환 관리가 매우 엄격한 나라로 입국 시 4,000달러(USD) 이상 외환을 반입할 경우 반드시 세관에 신고해야 한다. 만약 미신고시 외환 재반출 및 달러 구좌 입금이 불가능하다. 참고로 외국인은 현지화(디나르) 구좌 개설이 불가능하고 유학생의 경우 외환은행 등의 외국환 구좌로 받아 ATM기계에서 현금카드로 인출하는 실정이다. 튀니지 출국 시에 소지하고 있는 현지화(DT, 튀니지 디나르)를 외국환으로 환전하고자 하는 경우 당초 튀니지 디나르로 환전 시 받은 환전증을 제시해야 하며, 5,000DT까지만 재환전이 가능하다.

✚ 튀니지 공휴일(2015년 기준)

1월 1일	신년일
*1월 3일	마호메트 탄신일 [*Mouled*]
3월 20일	독립기념일
3월 21일	청년기념일
4월 9일	순교자의 날
5월 1일	노동절
*6월 18일	아이드 축제(아이드 알 피트르, *Eid al-Fitr*, 라마단 종료)
7월 25일	공화국 선포일
8월 13일	여성의 날
*9월 23일	희생제(이드 알 아드하 *Eid al-Adha*)
*10월 13일	이슬람 신년(헤지라 *Hegire*)
10월 15일	프랑스군 철수기념일

*종교기념일인 아이드 알 피트르, 이드 알아드하, 헤지라 등은 이슬람력에 따라 날짜가 매년 변경된다.

✚ 튀니지의 교통

* 철도

튀니스의 철도역은 시내 중심가 바르셀로나 트램 역 앞에 있다. 열차 등급은 C(컴포트, 특실), 1등석, 2등석 등급이 있다. 기차역에서 튀니스-수스-스팍스-토주르 구간의 기차 시간표를 나누어준다. 수스에서 마디아까지 운행하는 사헬선은 우리나라 기업이 만든 전동차가 다니고 있다.

http://www.sncft.com.tn/index.php (아랍어, 프랑스어 지원)

* 버스

웹 사이트 오른쪽 하단에 출발지와 도착지를 체크하면 시간표와 요금이 나온다. 지정좌석제가 아니지만 발권 시 탑승 정원 안에서 발권한다. 차량이 낡은 경우도 많이 있지만 루아지보다는 좌석이 넓어 조금 더 편하다. 장거리는 야간버스가 운행된다.

http://www.sntri.com.tn (아랍어, 프랑스어 지원)

＊버스터미널

북부 지역	밥 사둔 Bab Saadun 비제르트, 베자, 젠두바, 아인드람, 타바르카 등 (트램 밥 사둔 Bab Saadun 역 인근 5분 거리)
남부 지역	밥 알리와 Bab Alioua 수스, 스팍스, 카이로우안, 가베스, 제르바, 두즈, 토주르, 타타윈, 하마메트, 나불, 카프봉 등(트램 밥 알리와 Bab Alioua 역 바로 인근)

＊트램(Métro légar de Tunis)
튀니스 중심가를 지나기 때문에 버스보다는 트램을 이용하는 것이 편리하다. 출퇴근 시간에는 우리나라 전철만큼 혼잡하여 못타는 경우도 발생한다. 새벽 4시 정도부터 운행을 시작하여 밤 11시 정도에 운행을 마친다. 5개 노선을 운행한다.

트램 노선도
http://www.urbanrail.net/af/tunis/tunis.htm
http://mapsof.net/map/metro-tunis

＊TGM
튀니스 마린 역부터 라 마르사 역까지 다니는 교외열차이다. 시디 부 사이드, 카르타고 박물관, 토펫 유적지, 안토니우스 목욕탕 등 주요 유적지를 갈 수 있는 열차이다.

＊루아지
9인승 승합차를 이용해서 도시 간을 운행하는 편리한 운송 수단이다. 8명이 타야 출발하는데 빨간 줄이 있는 것은 장거리, 파란 줄은 중거리, 노란 줄은 인근 노선이다. 보통 신트리 버스 정류장 옆에 루아지 스테이션이 있는데 튀니스의 경우 북부로 가는 곳은 밥 사둔 Bab Saadun 역 인근에 있고 남부로 가는 루아지 스테이션은 몽세프 베이 Moncef Bey 에 있다. 밥 알리와 Bab Alioua 역에 있는 루아지 스테이션은 서남부와 하마메트, 카프봉 쪽으로 가는 루아지 스테이션이다. 가까운 곳을 다니는 루아지 노선은 밤늦게까지 운행한다. 비용은 버스보다 저렴하고 정원이 차기까지 기다리는 시간이 있지만 빠르게 운행한다. 지방 소도시는 해가 질 무렵에 승객이 없어 운행을 하지 않는 경우가 많다. 지방의 경우 보통 버스 정류장 인근에 위치한다.

* 대중교통

공공 버스(노란색)	일반 평균 요금은 0.54디나르. 거리에 따라 최대 0.7디나르
사기업 버스(흰색)	일반 평균 요금은 1.2디나르, 최대 요금은 1.4디나르
전철(트램)	일반 요금은 0.48~0.7디나르
TGM	0.63~0.8디나르
택시	기본요금 0.48디나르(야간 0.58디나르)에 1km당 0.53디나르(야간 0.68디나르)가 부과(야간 요금 적용시간 21:00~4:00)

* 항공

튀니스, 제르바, 토주르, 스팍스, 모나스티르, 엔피다(하마메트)에 주요 공항이 있다.

한국에서 튀니지까지의 항공편(2015년 1월 기준)	
에어프랑스/KLM (대한항공 부분 운항)	인천 – 암스테르담 or 파리 – 튀니스
터키항공 (아시아나항공 부분 운항)	인천 – 이스탄불 – 튀니스
아랍에미리트항공	인천 – 두바이 – 튀니스
카타르항공	인천 – 도하 – 튀니스
독일항공	인천 – 프랑크푸르트 – 튀니스

***저렴하게 가는 팁** 인천–튀니스 항공 가격과 인천–로마 항공 가격+로마–튀니스항공 가격(약 29만원)을 비교 후 선택하는 방법이 있다.

✚ 튀니지의 음식

여행을 하면서 볼거리와 함께하는 큰 즐거움은 바로 그 나라 사람들이 많이 먹는 음식을 즐기는 일이다. 여행자 입장에서는 홈메이드 가정식을 즐길 수 없어 어쩔 수 없이 길거리 음식을 먹게 되는데 튀니지의 길거리 음식은 가격이 저렴해 손쉽게 먹을 수 있다. 튀니지 여행 중 지인의 집에서 홈스테이를 하며 튀니지 가정식을 맛볼 수 있는 좋은 기회가 있었는데 북아프리카의 음식과 이탈리아, 프랑스에서 유입된 음식들이 혼재되어 튀니지가 여러 문화의 영향을 받았음을 다시 한 번 알 수 있었다.

MENU

꾸스꾸스 *Couscous*
꾸스꾸스는 듀럼 밀*Durum Wheat*을 갈아서 만든 세몰리나*Semolina*로 만드는데 파스타 가문의 먼 친척뻘 정도 된다. 꾸스꾸스는 지역 별로 위에 어떤 재료를 올리고 곁들이냐에 따라 다양하게 즐길 수 있는 요리로 매콤하면서도 감칠맛이 나 한국인의 입맛에도 잘 맞는다.

생선구이 *Hout Mechwi*
생선회를 먹지 않는 튀니지에서는 참치 같은 생선을 주로 숯불에 구워서 먹거나 기름에 튀겨서 먹는다. 특히 지중해에서 많이 나는 생선이 바로 참치*Tuna*인데 이들은 참치를 회로는 안 먹고 모두 구워먹거나 익혀서 먹는다. 참치 캔보다 생참치가 더 저렴해 쉽게 사먹을 수 있다.

뿔레 로티 *Poulet Roti*
튀니지에서는 닭을 주로 전기 통닭구이인 뿔레 로티로 먹는다. 가격은 10디나르 전후.

브릭 *Brik*
반숙 계란과 감자, 야채를 튀긴 음식으로 마치 납작한 만두처럼 생겼다.

마크로브 Makloub 혹은 이스칼롭 Escolope
아랍 전통 빵에 하리사와 살라드무슈이아 또는 오짜 같은 재료를 넣어 샌드위치처럼 먹는 음식이다.

샤와르마 Shawarma
흔히 샌드위치라 불리는 케밥과 비슷한 음식으로 닭고기, 참치, 감자튀김, 야채를 주문 시 원하는 대로 넣는다. 포장이 가능하며 가게에서는 샐러드와 감자튀김이 같이 나온다. 가격은 2~3디나르 수준.

라블라비 Lablabi
비제르트의 원조 음식으로 병아리 콩, 마늘, 올리브유, 계란과 바게트 빵을 잘라 그릇에 넣고 스프를 부어서 올리브 오일과 향신료 등 기호에 맞게 첨가한 음식이다. 같은 이름인 라블라비 샌드위치도 있다.

오짜 Ojja
토마토 소스에 채소와 메르게즈 소시지 혹은 해산물을 함께 볶은 음식이다.

샥슈카 Chakchouka
닭고기 등 고기류와 토마토, 고추, 양파, 감자, 가지, 콩을 넣은 후 향신료를 넣어 위에 계란을 익힌 요리로 튀니지 전통 음식이다. 맛이 담백해 우리 입맛에도 잘 맞다.

후리가쎄 Frikasae
튀긴 빵을 반으로 갈라 안에 하리사 소스와 야채, 계란, 참치 등을 넣어 만든 시장에서 파는 샐러드 빵 같은 음식이다. 가격은 1디나르 전후.

아시다 Asida
주로 아침에 먹는 음식으로 밀가루에 버터와 꿀, 설탕, 올리브유를 넣은 후 대추야자와 함께 먹는다.

보르골 Borghol
세몰리나 밀을 닭고기, 야채, 토마토 소스, 하리사 등을 넣고 끓인다.

살랏 카드라 Salat Khadhra와 살라드 메슈이아 Salat Mechwia
고추, 양파, 마늘, 토마토 등을 구운 후 잘게 썰어 올리브유를 섞는다. 살짝 매콤한 맛으로 고기류와 생선 요리와 잘 어울린다. 보통 빵에 찍어 먹는다.

대추야자 열매 Dates
데이츠라 불리는 대추야자 열매. 예언자 무하마드 Prophet Mohamed가 라마단 금식 기간 중에 낮 동안의 금식을 끝내고 여섯 알의 대추야자와 우유 한 컵을 먼저 마셨다는 전설 때문에 그것을 따라하는 무슬림들이 많다. 데이츠는 특유의 단맛과 쫄깃한 식감 덕에 간식으로 먹기 좋다. 길거리에서 쌓아놓고 파는 것은 포장된 것보다 저렴하다. 1kg에 2.5~3디나르(우리 돈으로 약 3,000원) 정도 한다.

마카루드 Makhroud
약과 같이 튀겨낸 유과의 느낌이다. 과자보다는 튀긴 빵에 가까운 것이 마카루드이다. 얇은 층으로 이루어진 페이스트리 반죽에 대추야자, 땅콩, 아몬드, 헤이즐넛, 피스타치오를 갈아서 만든 소를 넣고 튀겨낸 후 달달한 꿀시럽에 한 번 뒹굴려서 내놓는데 마지막으로 깨를 솔솔 뿌려 마무리한다. 작은 것 한 봉지에 3디나르 정도 한다. 마카루드는 워낙 달아 한 번에 2~3개 이상 먹기 어렵다.

장미수를 넣은 석류 샐러드
석류가 많이 나는 튀니지 가정에서 장미수에 석류와 포도, 사과 등을 넣어 먹는다.

헨지 Hengi
선인장 열매인 백련초로 여름철과 가을철에 나온다. 단맛이며 변비에 좋다.

＊Tip 튀니지에서 더 맛있게 먹자!

❶ 여행을 다니면서 먹거리를 해결하는 간단한 방법은 뭐가 있을까? 소위 눈치만 있으면 가능한 일이다. 우리는 흔히 사람이 많이 있는 식당에 들어가면 실패할 일이 없다는 것을 경험으로 알고 있을 것이다. 이러한 룰은 역시 여행에도 동일하게 적용된다. 시장을 찾아가 현지인들이 가장 많이 몰리는 곳에 들어가면 싸고 맛 좋은 음식을 먹을 수 있다. 그리고 그중에서도 현지인들이 가장 많이 먹는 음식을 고르면 실패 확률이 적어진다.

❷ 블로그에서 추천한 곳을 가보거나 가이드 책에 나온 곳 가보기. 음식에 따라 호불호가 갈리기는 하지만 보편적인 음식을 먹으면 실패 확률이 적어진다. 음식점에서 기본 밑반찬처럼 내놓는 것이 바게트와 올리브, 매콤한 하리사(마치 고추장처럼 생긴 것으로 튀니지산의 아주 매운 소스)도 나온다. 매콤한 맛이 빵에 찍어서도 먹을 만하다.

❸ 현지의 가장 대중적인 패스트 푸드점을 찾아가기. 샌드위치와 칩스 세트가 3디나르. 참치 샐러드는 샐러드와 빵만 먹어도 든든할 정도로 양이 많다.

✚ 튀니지의 호텔 예약

주요 관광지의 3, 4성급 이상 호텔은 인터넷 해외호텔 검색엔진을 이용하여 예약하는 것이 저렴하다. 단 지방 소도시의 저가 호텔은 전화로 예약을 하거나 직접 방문하여 흥정을 한 뒤 예약을 하는 경우가 더 저렴하다.

	비수기 기준 시 숙박비
튀니스	4성급 디플로메트 호텔 100디나르(6만원, 조식 포함)
지방 소도시	호텔 2인 기준 25~50디나르 전후(3.5만원 미만 조식포함)
	도미토리 1인 기준 15디나르
주요 관광지 (수스, 제르바 등)	4성급의 트윈 기준(6만원 미만)
	5성급 기준(15만원 전후)

✚ 튀니지 배낭여행 시 유의해야 할 점

＊호객 행위 & 바가지
관광 국가답게 호객 행위와 바가지가 유명하다. 혼자 다니면 도와준다고 접근한 후 차 한 잔 마실 수고료를 요구한다. 길을 잘 모를 경우 호객꾼을 이용하는 것도 하나의 방법이다. 아랍 상인의 후예답게 바가지 쓰지 않는다는 것은 거의 불가능하다.

＊루아지 요금
아직까지 제일 보편적인 튀니지의 교통수단이다. 루아지는 튀니지의 도시 어디에나 터미널이 있어서 매표소에서 표 구입이 가능하다. 매표소가 없는 경우에는 현지인들이 돈을 낼 때 같이 내면 바가지를 방지할 수 있다.

＊소매치기 조심
관광객을 노리는 소매치기들이 극성이다. 언제나 조심조심! 주변에서 손가락 두개로 눈을 가리킨다면 주변에 소매치기가 있다는 표시다. 최신 스마트폰은 언제나 소매치기의 표적이 되니 주의하자.

＊관광 안내소 잘 이용하기
관광산업이 발달한 튀니지는 각각 큰 도시마다 관광 안내소가 위치해 있어 지도 등을 공짜로 나누어준다. 지도를 잘 이용하면 유용하다.

＊친절한 튀니지 사람들
길을 물어볼 때 친절하게 대답해주지만 튀니스를 제외하고는 영어가 잘 안 통한다. 가끔 잘 알지도 못하면서 대답하는 경우도 있으니 여러 명에게 물어보는 것이 안전하다. 대부분이 친절하게 답해주나 여성의 경우 남자들이 치근덕대는 경우가 있으니 조심할 것.

＊여행 시 여권(복사본)은 반드시 지참하자
튀니지에서는 중간 중간 경찰들이 차를 세워 신분증을 검사하는 경우가 있다. 여권 복사본을 이용하여 경찰에게 제시하면 된다.

＊구급약
감기약, 소화제 등의 약품은 약국에서 쉽게 구입이 가능하다. 설사약, 벌레 물린 데 바르는 약 등을 챙기면 좋다.

＊햇볕을 잘 차단하자
사막을 여행한다면 선글라스, 선크림, 챙 넓은 모자 등이 필수. 베르베르족이 사용하는 터번도 좋은 선택이 될 수 있다. 햇빛이 매우 강하기 때문에 잘못하면 피부에 화상을 입을 수 있다.

✚ 튀니지의 세계문화유산

튀니지는 고대 카르타고, 로마, 아랍의 유적지가 있어 유네스코 세계문화유산 목록에 8군데나 지정되었다.

> **유네스코 세계문화유산 목록**
> 고대 카르타고 유적지(1979)
> 튀니스 메디나(1979)
> 엘젬 원형경기장(1979)
> 케르쿠완 페니키아 유적지(1985)
> 수스 메디나(1988)
> 카이로우안 메디나(1988)
> 두가 로마유적지(1997)
> **자연 유산** 이츠쿨*Ichkeul* 국립공원(1980)

✚ 아랍어 교육기관–부르기바 어학원

튀니지는 비교적 저렴하게 아랍어를 배울 수 있어 아랍어 전공자들이 어학연수를 위해 많이 방문하는 곳이다. 부르기바 어학원***IBLV, Bourguiba for Modern Languages***은 1964년 마나르 대학교 부설기관으로 아랍어 관련 일부 한국 대학 간 학점 교류가 인정되고 있으며, 튀니지에서 아랍어를 공부하는 대부분의 한국 유학생이 부르기바 어학원에서 수업을 듣고 있다. 연 3학기 제도(10~12월, 1~3월, 4~6월)이며 여름 계절학기(1개월) 별도다. 또한 학기당 10주간(월~금) 수업이 진행된다.

수강료 한 학기당 900TND(약 54만원, 2015년 기준)
홈페이지 http://www.iblv.rnu.tn(아랍어, 프랑스어 지원)
전화번호 +216 71 832 418

✚ **튀니지 주요 웹사이트**

환율
http://www.bt.com.tn/change
튀니지 은행 *Banque de Tunisie* 사이트로 튀니지 화폐인 디나르*Dinar*에 대한 환율 조회 가능.

튀니지 우체국 *Poste Tunisienne*
http://www.poste.tn
외환 환전은 우체국에서도 가능하다.

튀니지 항공 *Tunisair* 홈페이지
http://www.tunisair.com.tn

튀니지 관광 정보 사이트(불어)
http://www.tunisietourisme.com.tn
(http://www.beintunisia.com로 연결)

튀니지 내 호텔과 항공 예약 정보 제공
http://www.tourismtunisia.com
호텔은 http://www.hotelscombined.com 으로 연결되며 항공은 dohop.com으로 연결

일기예보 사이트 *Météo*
http://www.meteo.tn
항공, 호텔, 지도, 날씨 등은 스마트폰 앱을 이용하는 것이 훨씬 편리하다.

튀니지의 국제 축제 리스트
http://www.cap-tunisie.com/HTML/dyna-fes.htm

지금 이 순간
튀니지

초판 1쇄 | 2015년 3월 2일

지은이 | 권기정

발행인 겸 편집인 | 유철상
책임편집 | 장다솜
디자인 | 노세희, 주인지
교정·교열 | 장다솜, 손지영, 홍은선
마케팅 | 조종삼, 남유니, 임지연

펴낸 곳 | 상상출판
주소 | 서울시 동대문구 정릉천동로 58, 103동 206호(용두동, 롯데캐슬피렌체)
구입·내용 문의 | **전화** 02-963-9891, 070-8886-9892 **팩스** 02-963-9892
이메일 cs@esangsang.co.kr
등록 | 2009년 9월 22일(제305-2010-02호)
찍은 곳 | 다라니

※ 가격은 뒤표지에 있습니다.

ISBN 979-11-86163-91-7(13980)

© 2015 권기정

※ 이 책은 상상출판이 저작권자와 계약에 따라 발행한 것이므로
  본사의 서면 허락 없이는 어떠한 형태나 수단으로도 이용하지 못합니다.
※ 잘못된 책은 구입하신 곳에서 바꿔 드립니다.

www.esangsang.co.kr